역사 속 세기의 로맨스

2013년 5월 8일 초판 1쇄 인쇄
2013년 5월 15일 초판 1쇄 발행

글 박시연 / 그림 유수미
펴낸이 이철규 / 펴낸곳 북스
편집 이은주 / 편집디자인 이종한

편집부 02-336-7634 / 영업부 02-336-7613 / FAX 02-336-7614
전자우편 vooxs2004@naver.com / 등록번호 제 313-2004-00245호 / 등록일자 2004년 10월 18일
주소 서울특별시 광진구 자양 4동 52-197번지 2층
값 10,800원
ISBN 978-89-6519-056-1 74800
     978-89-6519-043-1 (세트)

잘못된 서적은 구입하신 서점에서 교환하여 드립니다.
이 책은 저작권법에 의해 보호를 받는 저작물이므로 불법 복제와
스캔 등 무단 전재 및 유포·공유를 금합니다.

이 도서의 국립중앙도서관 출판시도서목록(CIP)은 서지정보유통지원시스템 홈페이지(http://seoji.nl.go.kr)와
국가자료공동목록시스템(http://www.nl.go.kr/kolisnet)에서 이용하실 수 있습니다.
(CIP제어번호 : CIP2013004069)

역사 속 세기의 로맨스

5 조지 워싱턴과 마사 커티스

글 박시연 그림 유수미

vooxs북스
BOOK IN YOUR LIFE

머리말

 '세기의 로맨스'는 말 그대로 세계가 놀랄 만한 로맨스를 다룬 글입니다.
 주인공 이지가 타임 슬립을 통해 과거의 시공으로 떨어지고, 그곳에서 '헨리 8세와 앤 블린', '샤 자한과 뭄타즈 마할', '원효대사와 요석공주' 등 역사에 기록될 만한 강렬하고도 아름다운 사랑을 나눈 주인공들을 만나 함께 기뻐하고 슬퍼하며 사랑을 배워간다는 내용입니다. 이렇게 과거에서 만난 친구들을 통해 사랑의 진정한 의미와 가치를 깨달으며 이지는 조금씩 성장합니다. 그리고 이런 성장을 바탕으로 현실세계에서 자신을 무던히도 괴롭히지만 때때로 묘한 분위기로 헷갈리게 만드는 킹카 중의 킹카 주노와의 사랑을 가꾸어 나갑니다.
 세기의 로맨스는 물론 로맨스를 중심으로 하는 시리즈입니다. 하지만 그 시대에 살았던 주인공들의 삶과 사랑을 현실세계에서 온 이지의 눈으로 지켜보고 느끼면서 당시의 역사에 대해 자연스럽게 배우게 됩니다. 그들의 사랑 자체가 역사가 되는 것이지요.

    우리 학생 독자들에게 로맨스는 언제나 중요한 관심거리일 겁니다. 누구나 한 번쯤은 밤하늘의 별을 올려다보며 시크한 왕자님과의 사랑을 꿈꾸고, 또한 거리를 걷거나 지하철을 타고 가다가 첫 사랑과의 우연한 재회를 꿈꾸기도 했겠지요. 세기의 로맨스를 펼치는 순간, 여러분이 기대하는 그런 설렘을 만날 수 있습니다.
    더불어 그들이 어떻게 그런 사랑을 하고, 어떻게 그런 행복 혹은 비극을 맞았는지 그 역사적 배경까지 알게 된다면 더욱 흥미진진하지 않을까요?

박시연

차례

머리말 _6

오랜만의 웃음 _11

진심으로 미안하다면
나를 잊어줘 _26

조지 워싱턴을 만나다 _46

마사 커티스와 셀리 게리 _71

엇갈리는 사랑 _93

보스턴 차 사건 _126

렉싱턴 전투 _152

헌신의 힘 _166

부록 미국의 초석을 다진 조지 워싱턴 _190

1
오랜만의 웃음

"이지는 소원이 뭐야?"

이지가 아직 유치원생이었을 적에, 지금보다는 형편이 훨씬 나았던 아빠와 엄마는 딸이 원한다면 하늘의 별이라도 따다 주겠다는 듯 묻곤 했다. 그때마다 이지의 대답은 한결같았다.

"언니 만들어 줘. 나도 친구들처럼 언니를 갖고 싶어."

부모님이 쑥스러운 눈빛을 교환하던 기억이 지금도 생생하다. 그만큼 이지는 형제 없이 혼자라서 늘 외로웠다. 가끔 친구와 싸워도 언니나 오빠가 짠 하고 나타나 편들어 주는 게 부러웠고, 세 명이 아니라 넷 혹은 다섯이 옹기종기 모여 있는 다른 친구들의 가족사진을 보면 가슴이 푸근해졌다.

그런데 오늘 이지는 우연히 하룻밤을 묵은 필립의 집에서 그토록

원했던 형제간의 정 같은 걸 느끼고 있었다.

"아침도 먹었으니 몸이나 풀러 나가 볼까?"

이 나라의 현역 경찰청장인 필립의 아빠가 출근하자마자, 제니 언니가 팔을 번쩍 쳐들며 소리쳤다.

"이 땡볕 아래서 테니스를 치자고? 노 땡큐~"

필립이 손사래를 쳤지만 제니와 애니는 아이들처럼 떼를 썼다.

"그러지 말고 하자! 하자!"

"아이스크림 내기하면 재미있잖아!"

필립이 계속 거절하자 제니와 애니는 이지를 홱 돌아보았다.

"이지야, 하고 싶다고 해. 그럼 이 녀석 무조건 할걸."

"그, 그럼 딱 한 게임만 해 볼까요?"

필립이 이지를 힐끗 보았다.

"테니스 칠 줄 알아?"

"아주 조금. 초등학교 때 특별활동으로 테니스를 했거든."

"좋아. 그럼 딱 한 게임만이야."

"와아~."

테니스 한 게임이 뭐가 그리 좋은지 펄쩍펄쩍 뛰는 제니와 애니를 보며 이지는 참 소란스럽고도 유쾌한 가족이라고 생각했다. 결국 이지와 필립 그리고 제니와 애니는 서서히 달아오르기 시작하는 테니스코트로 나갔다. 이지는 애니가 빌려준 흰색 운동복에 캡모자를 눌러쓰고 있었다.

"서브 들어간다!"

제니가 서브를 강하게 날렸다. 공이 날아오는 엄청난 스피드에 이지는 깜짝 놀랐다.

"꺄악!"

서브를 받으려다가 이지는 가슴에 공을 맞고 엉덩방아를 찧고 말았다. 필립이 다가와 손을 내밀었다.

"나랑 자리 바꾸자. 저 무식한 누나들의 서브는 남자도 받기 힘들어."

결국 이지가 코트 앞으로 가고, 필립이 베이스라인 쪽에 자리를 잡았다.

"좋아, 한 번 더!"

제니가 훌쩍 뛰어오르며 다시 강서브를 날렸다.

"흥~ 이 정도에 당할 줄 알고!"

파앙!

필립이 서브를 힘차게 받아냈다. 그때부터 필립과 이지 대 제니와 애니의 치열한 랠리가 시작되었다. 세 남매의 테니스 실력은 수준급이었다. 그중에서도 필립의 실력이 단연 돋보였고, 덕분에 이지의 실수도 커버될 수 있었다. 두 팀 간에 손에 땀을 쥐는 공방전이 계속되고, 경기의 열기는 점점 고조되었다. 이지도 그동안의 복잡했던 사건들을 모두 잊고 땀을 뻘뻘 흘리며 이리 뛰고 저리 뛰었다.

"깔깔깔~ 애니 그 볼 막아!"

"으랏차~ 이지는 나만 믿어!"

부러울 정도로 잘 어울리는 세 남매와 섞여 이지는 참 오랜만에 진심으로 웃을 수 있었다.

이지는 제니, 애니와 함께 목욕을 했다. 그리고 에어컨 바람이 빵빵한 거실 소파에 앉아 아이스크림을 맛있게 먹었다. 제니가 맞은편에 나란히 앉은 이지와 필립에게 물었다.
"그런데 두 사람은 언제부터 사귀기 시작했어?"
"……."
이지와 필립은 아이스크림을 먹다 말고 서로의 얼굴을 멍하니 바라보았다. 애니도 거들었다.
"나도 실은 그게 궁금했어. 필립 녀석, 우리한테 하도 시달려서인지 여자한테 도통 관심이 없어서 슬슬 정체성이 의심스러웠거든."
"정체성이라니?"
발끈하는 필립을 향해 제니가 말했다.
"사실 집에 여자친구를 데려온 것도 이지가 처음이잖니?"
"끄응~."
제니와 애니가 이지를 향해 눈을 반짝였다.
"이지가 한 번 말해 봐."
"두 사람 어떻게 사귀게 됐는데?"
"하하…… 그게 말이죠……."
어색하게 웃는 이지 옆에서 필립이 퉁명스럽게 말했다.

"우리 사귀는 사이 아니거든. 이 녀석, 하주노한테 푹 빠져 있다고."

필립, 꼭 그렇게 얘기해야겠니? 잘해준 언니들 앞에서 내 꼴이 뭐가 되겠어? 충격을 받은 듯한 제니와 애니를 보며 이지는 필립을 원망했다. 잠시 후, 두 여자에게서 쏟아져 나온 반응은 전혀 뜻밖이었다.

"호호호~ 나라도 당연히 주노를 택했겠다. 주노에 비하면 필립은 아직 어린애야."

"아아~ 주노가 보고 싶다. 3P 시절부터 내가 주노 광팬이었잖니."

황홀한 표정을 짓는 누나들을 가리키며 필립을 화를 냈다.

"고딩씩이나 되서 중학생을 상대로 팬질이냐?"

"상대가 하주노라면 전혀 안 창피함."

"주노야~ 요즘은 왜 안 놀러 오니?"

"시끄러워!"

"너야말로 입 다물고 주노나 불러 오렴."

왁자하게 말다툼을 벌이는 필립, 제니, 애니 남매를 보며 이지는 정신이 하나도 없었다.

"왜 이리 소란스러워?"

이때 청장님이 거실로 들어왔다. 토요일이라 경찰청에는 잠깐 얼굴만 비치고 귀가하셨단다. 방으로 들어간 청장님이 잠시 후, 편안한 실내복 차림으로 다시 나오셨다. 이지는 이제 집에 가야겠다고 생각하며 자리에서 일어섰다.

"안녕히 계세요. 잘 놀다 갑니다."

"잠깐!"

돌아서려는 이지를 청장님이 불러 세웠다. 그리고 근엄함 표정으로 말했다.

"올 때는 네 마음대로 왔지만 갈 때는 안 된다."

"무슨 말씀이신지……?"

청장님의 말에 필립과 제니, 애니가 갑자기 양팔을 맹렬히 저었다.

"으악! 안 돼요, 아빠!"

"제발 하지 말아요!"

"집안 망신이라고요!"

하지만 남매의 반항은 청장님의 고함 한 번에 간단히 진압되었다.

"조용!"

도끼눈을 뜨고 세 남매의 얼굴을 쏘아보던 청장님이 이지를 다정하게 불렀다.

"이지 양."

"예? 아, 예."

"우리 집에서는 토요일 낮이면 꼭 하는 가족 행사가 있단다. 가족은 물론 그때 방문한 손님이 있다면 그 손님까지 꼭 참가해야만 하는 행사지."

"……?"

따악!

바둑판 위의 흑돌이 구석에 몰려 있던 백돌을 정확히 때렸다. 마치 낙화암 아래로 떨어지는 궁녀처럼 백돌이 힘없이 굴러 떨어졌다. 동시에 청장님이 머리를 감싸며 비명을 질렀다.

"으아악! 또 당했다!"

청장님과는 대조적으로 방금 흑돌을 쏜 제니는 팔을 흔들며 환호성을 질렀다.

"꺄아~ 또 이겼다!"

이쯤 되면 웬만한 사람들은 짐작했겠지만 청장님이 말한 가족행사란 딱밤 맞기 알까기였던 것이다.

"크흑~ 아까 맞은 자리는 피해 다오."

딱밤을 맞기 위해 큰딸에게 이마를 내밀곤 울상 짓는 청장님을 보며 이지는 저도 모르게 킥킥 웃음을 흘렸다. 모두가 즐거워하고 있었지만 한 가지 문제라면 정작 알까기를 하자고 조른 청장님의 실력이 가장 형편없다는 것 정도였다. 청장님은 결국 제니에게 연거푸 딱밤을 맞고 이마가 퉁퉁 붓고 말았다.

따악!

"으아악!"

제니의 손가락이 다시 채찍처럼 이마에 꽂히는 순간, 째져라 비명을 지르는 청장님을 보며 이지는 참 엽기스럽게 단란한 가족이라고 생각했다.

"이번엔 제가 대신 쏠게요."

다음 판에 백돌과 흑돌이 하나씩 남자 이지가 청장님을 대신해 나섰다.

"정말 할 수 있겠어?"

긴장된 표정으로 묻는 청장님을 향해 이지가 빙긋 웃어 보였다.

"제가 이래봬도 알까기계의 숨은 고수거든요."

"좋아, 이지 양을 믿어 보지."

"후우~"

이지가 숨을 고르며 손가락을 조준했다.

따악!

마침내 이지가 튕긴 흑돌이 핑그르르 회전하며 백돌을 향해 미끄러져 갔다. 흑돌은 정확히 백돌을 때려 바둑판 아래로 밀어낸 후, 그 자리에 우뚝 멈춰 섰다.

"이지 양 덕분에 이겼어!"

청장님은 이지의 손을 잡고 어린애처럼 기뻐했다. 제니가 이지를 가리키며 분하다는 듯이 말했다.

"윤이지, 넌 우리 편인 줄 알았는데?"

"헤헤~ 미안해요. 하지만 청장님만 딱밤을 너무 많이 맞으셨다고요."

"이지 말이 맞다. 제니는 입을 다물고 이마를 내밀어라."

"키힝."

울상으로 변한 제니가 이마를 들이댔다.

철썩-!

"까악!"

청장님의 울트라 슈퍼 딱밤이 꽂히는 순간, 제니는 벌러덩 넘어가고 말았다.

"우왕~ 이건 반칙이야! 반칙!"

"빨리 일어나! 아직 두 대 남았어!"

방바닥에 드러누운 제니가 떼를 썼지만 청장님은 손가락에 입김을 후후 불어 넣을 뿐이었다. 이지는 모처럼 편안한 마음으로 소란스러운 가족을 지켜보고 있었다. 문득 필립과 시선이 마주친 이지는 전에 없이 친근한 미소를 지었다. 필립의 가족들에게 호감을 느끼기 시작했기 때문일까? 필립에게도 호의적인 감정이 들기 시작했다.

적어도 필립과 있으면 긴장하지 않아도 된다. 주노와 지내면서 이지는 늘 초긴장 상태였다. 혹시 무슨 실수를 저지르지 않을까? 피해를 주거나 그를 화나게 하지는 않을까? 이런 저런 생각으로 이지는 주노와 있는 게 좋기도 한 반면 너무나 불편하기도 했다.

그리고 필립과 있으면 무엇보다 무시당하지 않아서 좋았다. 이 집 사람들은 모두 이지를 친구로 대해 주었다. 하지만 주노는 어떠했는가?

"……"

마치 두려운 진실을 마주한 사람처럼 입을 꾹 다물고 있던 이지가 속으로 중얼거렸다. 인정해, 윤이지. 하주노는 너를 늘 무시했어. 너란 아이를 언제든 쓰고 버려도 상관없는 휴지조각처럼 생각했어. 너의 감정을 필요하면 꺼내 쓰고, 필요 없으면 던져 버리는 인스턴트

포장지처럼 여겼다는 말이야. 코끝이 찡해지는 것을 느끼며 이지는 입술을 깨물었다.

　이지가 필립의 집에서 모처럼의 평화를 맛보고 있는 그 시각, 주노의 마음은 전혀 평화롭지 못했다. 저택의 소파에 비스듬히 앉아 악보를 보다가 주노는 미간을 찌푸렸다. 기획사의 송 사장이 이지 대신 고용해 준 두 메이드가 집안을 통째로 뒤집으며 청소 중이었다.
　40대 메이드가 탱크처럼 굉음을 내는 청소기를 돌리며 투덜거렸다.
　"예전 메이드의 얼굴을 한 번 보고 싶군요. 집안 곳곳에 먼지가 쌓여 있어요. 저는 이런 프로 의식 없는 메이드는 업계에서 추방당해야 한다고 생각합니다."
　그러자 그녀보다는 어려 보이는 또 다른 메이드가 질 수 없다는 듯이 거들고 나섰다.
　"전의 메이드는 초짜이거나, 굉장히 게으른 아줌마가 분명해요."
　아줌마들이 아줌마라고 부르는 그 메이드는 고작 중딩 신입생이라고. 그리고 그 아이는 나름 최선을 다했으니, 제발 험담은 하지 말아주었으면 좋겠어. 두 메이드를 향해 쏘아붙이려다 포기하고, 주노는 다시 악보로 시선을 옮겼다. 지금은 솔로 컴백에만 신경 써야 하는 것이다. 주노는 귓가에 엄마의 냉랭한 목소리가 들리는 것 같았다.
　"주노 너, 프랑스에서 후계자 수업을 받기로 엄마와 약속했잖니? 그런데 갑자기 한국으로 돌아가겠다니? 이젠 나도 모르겠으니 네 마음대로 하렴. 하지만 엄마는 프랑스에서의 사업을 버려두고 널 따라갈 수 없다는 사실을 명심해 다오."

외할아버지의 뒤를 이어 패션그룹 이시스(lsis)의 최고경영자가 된 엄마는 타고난 사업가였다. 아주 어렸을 때부터 주노는 늘 노트북을 들여다보거나, 전화통을 붙잡고 바이어와 줄다리기를 벌이는 엄마의 뒷등만 보며 자랐다. 아빠가 없었기에 엄마의 품이 더 그리웠지만 엄마는 절대 품을 열어 주지 않았다. 주노가 외로움을 견디지 못해 칭얼거릴 때면 엄마는 소름이 돋을 정도로 싸늘한 눈초리로 아들을 바라보곤 했다.

"울지 마. 사내 녀석이 그렇게 눈물이 많아서 어디에 쓰겠니?"

엄마가 왜 그토록 싸늘했는지 주노는 알지 못한다. 하지만 엄마에 대한 상실감은 엄마를 향한 증오심과 동시에 집착을 만들어냈다. 주노가 갑자기 아이돌을 하겠다며 3P로 활동하고, 그보다 더 갑작스레 그룹을 해체하고 프랑스로 날아간 것도 모두 엄마의 관심을 끌기 위한 행동이었다.

이것이 얼마나 유치한 짓인지 주노도 알고 있었다. 그럼에도 주노는 어떤 중대한 결정을 내릴 때, 엄마로부터 완전히 자유로워질 수 없었다. 어린 시절의 결핍은 한 사람의 삶 전체에 영향을 미친다는 심리학적 상식에서 주노도 예외일 수 없었다.

그래서 주노는 이번 솔로 컴백에 신경이 곤두서 있었다. 엄마의 품이 그리워 3P까지 해체하고 프랑스로 날아갔지만, 그곳에서도 그는 혼자였다. 프랑스에서의 사업 확장을 위해 엄마가 밤낮없이 바빴기 때문이다. 외로움에 지친 주노는 결국 한국으로 돌아가기로 결심했고, 엄마는 그런 주노를 실망스런 눈으로 바라보았었다.

주노는 솔로 컴백을 화려하게 성공시키고 싶었다. 엄마에게 자신이 얼마나 대단한 아들인지 똑똑히 보여주고 싶었다. 이지와 사촌 간이 아니라는 사실이 폭로되었을 때, 그처럼 이기적으로 행동한 이유도 일이 잘못되어 엄마가 화를 낼까 두려운 초조함 때문이었다.

"윤이지, 너는 나를 괴물 정도로 생각하고 있겠지?"

악보를 들여다보다 말고 주노는 한숨 섞인 음성으로 중얼거렸다.

"도련님, 식사 시간입니다."

40대의 메이드가 다가와 공손하게 말했다. 주노가 심드렁하게 물었다.

"오늘 메뉴는 뭔가요?"

"양식 정찬으로 준비했습니다."

"그렇군요."

고개를 끄덕이며 주노는 일어섰다. 이지에게는 이걸 만들어 달라, 저걸 만들어 달라 조르던 주노가 새로운 메이드들에겐 아무런 주문도 하지 않았던 것이다.

"흐음…… 훌륭하군요."

주방으로 들어서며 주노는 감탄할 수밖에 없었다. 기다란 식탁 위에는 그야말로 훌륭한 성찬이 차려져 있었다. 두 사람이 강남에서 유명한 베테랑 메이드란 송 사장의 말은 사실인 것 같았다. 메이드가 재빨리 빼 준 의자에 주노는 엉덩이를 걸치고 앉았다. 그리고 앞에 놓인 안심 스테이크를 나이프와 포크로 썰어 입안에 넣었다. 이지가 인터넷에서 레시피를 보고 만든 요리와는 비교조차 할 수 없는 기막힌 맛이었다. 그러나 주노는 스테이크를 씹으면서도 아마추어 메이드가 얼렁뚱땅 만든 샌드위치와 스튜가 먹고 싶었다.

저녁 때가 되어서야 이지는 필립의 집을 나섰다. 필립은 물론 제니와 애니 그리고 청장님까지 나와 배웅했다.
"잘 가. 월요일에 학교에서 보자."
"응, 덕분에 즐거웠어."
제니와 애니는 눈물까지 글썽였다.
"흐흑~ 이지야, 안녕~"
"다시 만날 때까지 부디 건강하길~"
청장님이 갑자기 생각이 떠오른 듯 이지를 향해 말했다.
"이지 양, 내일 무슨 특별한 약속이라도 있나?"
"네? 아니오."
"잘됐군. 그럼 내일 우리와 저녁식사를 같이 하도록 하자꾸나."
"내일이 무슨 날인가요?"
제니가 아빠를 대신해 흥분한 목소리로 대답했다.
"실은 내일이 우리 아빠 생신이거든. 유람선을 빌려서 가까운 친척들과 조촐한 파티를 열기로 했지."

"그런 자리에 제가 참석하는 건 조금……."

청장님은 함박미소를 지으며 호탕하게 말씀하셨다.

"미래의 우리 며느리가 아니냐. 당연히 참석해야지."

"하하…… 저 아직 중딩이거든요. 그리고 필립과 저는……"

"그래서 미래라는 거 아니냐? 핫하!"

청장님이 유쾌하게 웃으며 필립의 등을 이지 쪽으로 떠밀었다.

"왜, 왜요?"

"이지 양을 집까지 데려다 줘야지."

"아니에요. 그럴 필요 없어요."

이지가 황급히 손사래를 쳤지만 청장님은 필립이 조금 못미더운지 아예 직접 외투를 걸치고 나섰다.

"아니다. 내가 차로 데려다 주는 게 빠르겠구나."

2
진심으로 미안하다면 나를 잊어줘

이지는 결국 청장님이 운전하는 승용차의 뒷좌석에 필립과 나란히 앉아 집으로 향하게 되었다. 필립을 힐끗 돌아보며 이지가 말했다.

"미안해. 괜히 나 때문에……."

"아니야. 데려다 주니 나도 속이 편하네, 뭐."

필립이 운전대를 잡은 채 콧노래를 흥얼거리는 청장님의 뒤통수를 보며 나직이 속삭였다.

"그나저나 우리 가족 살짝 극성이지? 뭐랄까, 사람을 질리게 한다고나 할까?"

"왜? 나는 좋기만 하던데."

"정말?"

"응. 굉장히 행복하고 편안한 기분이야. 나도 필립처럼 왁자한 가족과 살아 봤으면 좋겠어."

"쳇~ 그럼 아빠 말대로 하면 되겠네."

얼굴을 살짝 붉히는 필립을 보며 이지는 고개를 갸웃했다.

"무슨 말이야?"

"아빠의 소원대로 미래의 며느리가 되면 되겠다고."

"……!"

이지의 얼굴이 새빨개졌다. 얼른 고개를 돌리며 그녀가 중얼거렸다.

"그, 그야 알까기를 잘해서 마음에 드신 거지."

"우리 아빠 저래봬도 꽤 까다로운 분이야. 며느리 어쩌고 했던 건 이지가 진심으로 마음에 들어서일걸."

"하하……!"

이지가 억지로 웃고 있는 사이 어느새 집앞에 도착해 차가 섰다.

"이지 양, 도착했단다."

이지가 차문을 열고 내리며 청장님과 필립에게 인사를 건넸다.

"정말 고맙습니다, 청장님."

"아버님이라고 부르렴."

"아, 예. 아버님. 필립도 안녕. 학교에서 보자."

"잘 쉬어."

아직도 화끈거리는 얼굴을 감추기 위해 서둘러 돌아선 이지는 허름한 다세대주택의 현관을 향해 걸음을 옮겼다.

"윤이지 양, 기다리고 있었습니다!"

얼굴에 여드름이 덕지덕지 돋은 남자 기자가 옆쪽 골목에서 불쑥 나타난 것은 그때였다.

"꺄악!"

깜짝 놀라 비명을 지르는 이지를 향해 여드름 기자와 또 다른 기자 대여섯이 우르르 몰려들었다.

"윤이지 양, 하주노 군에게 의도적으로 접근한 거 맞죠?"

"팬클럽에선 이지 양이 처음부터 노리고 접근했다던데요?"

"혹시 주노 군의 솔로 컴백을 방해할 생각입니까?"

"이지 양, 부디 한 마디만!"

한동안 기자들에게 시달리면서 이지는 기자들에 대한 트라우마가 생긴 상태였다. 자신들만의 사명감으로 무장한 채 상대방에게 큰 상처가 될 수도 있는 질문들을 아무렇지도 않게 퍼붓는 기자들에게 당한 후 이지는 온몸이 얼어붙으며 심할 경우 호흡까지 곤란해지는 상태가 되었던 것이다. 지금 이지는 이리 떠밀리고 저리 떠밀리면서도 도망칠 엄두조차 내지 못했다. 숨이 막혀 주먹으로 가슴을 쿵쿵 두드릴 뿐이었다.

"아저씨들, 당장 비키지 못해?"

필립이 기자들을 헤치고 뛰어든 것은 그때였다. 필립이 쓰러지기 직전의 이지를 부축하며 기자들을 향해 눈을 부라렸다.

"애가 아픈 거 안 보여요? 아무리 기자들이라도 너무하잖아!"

하지만 필립의 등장은 기자들을 더욱 흥분시켰다.

"아앗! 이필립이다!"

"이필립? 3P의 전 멤버로 이지 양을 가운데 두고 하주노와 주먹다짐을 벌였던?"

"이거 특종감이다!"

"필립 군, 이지 양과 좀 더 다정하게 서 주세요."

필립이 어떻게든 기자들을 뚫고 다세대주택 현관 안으로 들어가려고 했지만 어른들의 힘을 당해낼 순 없었다.

"으윽!"

기자들에게 떠밀려 필립은 결국 이지와 함께 엉덩방아를 찧고 말았다.

팟! 파팟!

그 와중에도 기자들의 플래시 세례는 그칠 줄을 몰랐다.

"당장 물러서지 못해?!"

이때 벼락같은 고함소리가 들려왔다. 기자들이 휘둥그레진 눈으로 뒤를 돌아보았다. 곧 무서운 표정을 짓고 있는 청장님을 발견한 기자들은, 그러나 곧 대수롭지 않다는 표정을 지었다.

"아저씨는 뭡니까?"

"저기 이필립의 아비 되는 이진중이란 사람이오. 어린애들 괴롭히지 말고 물러가시오."

필립의 아버지란 말에도 기자들은 포기하려 하지 않았다.

"몇 가지만 물어 보면 됩니다."

"아버님이 지켜보시는 곳에서 물어보면 되겠군요."

"협조 좀 부탁드립니다."

청장님은 기어이 분통을 터뜨리고야 말았다.

"이 사람들이 정말! 이런 게 바로 인권침해야! 당신들, 체포당해봐야 정신을 차리겠나, 엉?"

그러자 여드름 기자가 느물거리며 말했다.

"체포라뇨? 아저씨가 경찰이라도 됩니까?"

"그래, 경찰이다!"

"……!"

그제야 기자들이 움찔하며 서로의 얼굴을 마주보았다. 하지만 여드름 기자는 끝까지 이죽거렸다.

"경찰이면 다입니까? 죄 없는 사람을 막 체포해도 되는 겁니까? 경찰청장 오라고 그래!"

"끄으으……!"

머리끝까지 화가 치밀어 부들부들 떨고 있던 청장님이 신분증을 꺼내며 소리를 질렀다.

"내가 바로 대한민국 경찰청장 이진중이오! 미성년자에 대한 협박 및 상해치상 죄로 체포하겠소! 당신들은 변호사를 선임할 권리가 있으며……"

청장님이 신분증까지 꺼내 들고 나자 그제야 기자들은 주춤주춤 뒷걸음질을 하기 시작했다.

"하하. 그렇잖아도 지금 막 가려던 참이었습니다."

"기자라고 해서 미성년자를 함부로 괴롭히면 안…… 안 되겠죠?"

재빨리 도망치는 기자들의 뒷모습을 보며 청장님은 분이 풀리지 않는 듯 씩씩거렸다. 그리고 필립의 부축을 받으며 일어서는 이지를 향해 걱정스럽게 물었다.

"이지 양, 괜찮은가?"

"예, 덕분에 무사합니다."

"그래, 오늘은 일찍 들어가서 푹 쉬도록 하렴."

"정말 감사했습니다."

청장님을 향해 머리를 숙이던 이지가 움찔했다. 청장님 뒤쪽에서 걸어오는 주노를 발견했기 때문이었다. 청장님 옆에 우뚝 서는 주노를 이지와 필립이 황당한 듯 쳐다보았다. 주노가 청장님에게 인사부터 했다.

"안녕하셨어요?"

"주노, 오랜만이구나? 필립, 너희끼리 해야 할 이야기가 있는 것 같으니 나는 먼저 집에 가마."

"네, 아버지."

청잠님은 주노의 어깨를 툭툭 두드려 준 후 돌아섰다.

"……"

청장님이 시야에서 사라진 후에도 이지와 주노 그리고 필립은 서로의 얼굴을 뚫어져라 응시하며 서 있었다.

필립이 적의 어린 목소리로 물었다.

"여긴 왜 나타난 거야?"

주노가 이지에게 시선을 고정시킨 채 대답했다.

"필립 너와는 볼 일 없어. 이지를 만나러 왔으니까."

"이지가 기자들에게 무슨 일을 당하든 철저히 무시하더니, 이제와 무슨 볼일인데?"

"너는 빠지라고 했잖아."

"흥~ 그렇게는 못 하지."

이지를 향해 다가가는 주노의 앞을 필립이 막아섰다. 일촉즉발의 두 사람을 향해 이지가 버럭 소리를 질렀다.

"두 사람 다 멈춰!"

"……!"

이지가 주노의 얼굴을 똑바로 쳐다보았다.

"한 가지만 물을게요."

"두 가지 이상 물어봐도 돼."

"선배는 언제부터 우리집 앞에 있었어요?"

"뭐?"

"언제부터 날 기다렸냐고요."

"그게…… 한 시간쯤 되었나?"

드물게도 당황하는 주노를 보며 이지가 피식 웃었다.

"결국 내가 기자들에게 당하는 모습을 선배는 또 구경만 하고 있었다는 거네요?"

"으음……."

할 말이 없는 듯 신음을 흘리는 주노를 향해 이지가 쏘아붙였다.

"선배는 늘 그런 식이에요. 조금만 귀찮은 일이 생겨도 뒤로 숨어 버리죠. 그리고 자기 때문에 곤란해진 사람이 어떤 고통을 당하든 모른 척해 버려요. 누군가를 좋아한다는 건 그 사람을 위해 헌신할 준비가 되어 있다는 뜻이에요. 그런데 선배에겐 헌신하는 마음이 눈곱만큼도 없어요. 선배는 아마 평생 사랑이 무엇인지 모른 채 살아가게 될지도 모르죠."

마지막 말을 하고 나서 이지는 살짝 후회가 되기도 했다. 너무 심하게 말한 것은 아닐까? 하지만 말이란 한 번 뱉으면 결코 주워 담을 수 없는 법. 모진 말은 상대의 가슴을 할퀴고, 말한 사람의 가슴에도 그만큼의 흉터를 남기는 법이다.

"……."

주노가 이지의 얼굴을 물끄러미 바라보았다. 필립이 부러 큰 소리로 이지에게 물었다.

"이지야, 내일 아빠의 생일파티에 와 줄 거지?"

"으응?"

필립과 주노의 얼굴을 번갈아 보던 이지는 결심한 듯 고개를 끄덕였다.

"폐가 되지 않는다면."

"폐라니? 우리 집에서 네 인기는 하늘을 찌를 지경이야."

"모두들 참 다정하신 분들이라서 그래."

"아무튼. 내일 저녁 6시까지 잠실 선착장으로 와. 거기서 유람선이 출발할 거야."

"알았어."

쓸쓸한 눈빛으로 이지를 바라보던 주노가 천천히 돌아섰다. 어둠 속으로 멀어져 가는 주노의 뒷모습을 보며 이지는 얼음을 삼킨 듯 가슴이 서늘해짐을 느꼈다. 이지의 안색을 살피며 필립이 걱정스럽게 물었다.

"괜찮겠어?"

"응, 뭐가?"

"주노를 저렇게 보내도 괜찮겠냐고."

이지가 힘없이 미소 지었다.

"그냥 보내지 않으면? 하주노와 나는 처음부터 어울리지 않았어."

"흐음…… 어쩌면 그 말이 정답일지도……."

"나 그만 들어갈게."

"그래, 내일 보자."

이지가 집안으로 들어간 후에도 필립은 오랫동안 그 자리에 서 있었다.

그날 밤 늦게까지 주노는 깨어 있었다. 아무리 뒤척여도 잠이 오지 않아 주노는 결국 창문을 열고 테라스로 나왔다. 한밤중에도 공기는 후덥지근했다. 낮 동안 지상에서 올라온 열기가 고인 탁한 하늘에는 별빛조차 드물었다. 나뭇잎이 울창한 정원 곳곳에서는 풀벌레 우는 소리만 간간이 들려왔다.

주노는 갑자기 숨이 멎어 버릴 듯한 답답함을 느꼈다. 걸치고 있던 셔츠까지 벗어 던졌지만 답답함은 가시지 않았다. 그는 자신이 왜 이리 불안하고 초조한지 가만히 생각해보았다. 그리고 어렵지 않게 이유를 찾아냈다.

어느 날 갑자기 자신 앞에 나타난 어린 메이드. 요리도 서툴고, 청소는 엉망진창이고, 늘 불평만 늘어놓는 철부지였지만 그녀는 이 집 구석구석에 어느새 자신의 체취를 남겨 놓았다.

사람은 떠나도 체취는 남는 법. 어떤 사람은 기분 좋은 향기를, 어떤 사람은 불쾌한 향기를, 또 어떤 사람은 슬픈 향기를 남기기도 한다. 그중에서도 가장 골치 아픈 것이 이지처럼 그리움을 남기는 사람이다. 그런 사람은 떠난 이후에도 두고두고 남은 사람을 괴롭힌다. 함께 지냈던 공간은 모두 그 사람을 떠올리는 장치가 되어 남아 있는 사람을 고문하는 것이다. 그런 사람이라면 애초 떠나 보내지 말았어야 했는지도.

"내일 저녁 6시까지 잠실 선착장으로 와."

문득 이지에게 다짐 받던 필립의 모습이 떠올랐다. 순간, 주노의 가슴 밑바닥에서 질투심이 끓어올랐다. 필립의 여친이 된 이지의 모습을 상상하자 심장이 녹아 버릴 것 같았다.

"대체 무슨 짓을 한 거야, 하주노? 고작 기자들의 눈이 무서워 그 아이를 모른 척하다니!"

후회와 자책의 밤이 소리 없이 깊어지고 있었다.

"아니야. 책상은 이쪽으로 옮기는 게 낫겠어."
"그 책들은 수납장 안에 쑤셔 넣어 보자."

일요일에 이지는 하루 종일 아빠, 엄마와 대청소를 했다. 머리에 수건까지 두른 엄마가 온 집안을 들쑤시고 다니고, 이지와 아빠는 모처럼의 낮잠을 박탈당한 채 억지로 끌려다녀야 했다.

청소는 오후 늦게야 끝이 났다.

"휴우~ 이제야 좀 정리가 된 것 같구나."

엄마가 손바닥을 털며 흡족한 듯 웃었다. 이지가 보기에도 좁은 집 곳곳에 쌓여 있던 이삿짐들이 조금은 정리된 느낌이었다.

엄마가 이지의 등을 툭 치며 말했다.

"저녁은 삼겹살 파티 어때?"

아빠가 냉큼 팔을 쳐들었다.

"소주도 한 병!"

"스으~"

엄마가 째려보자 금방 기가 죽는 아빠가 불쌍해서 이지가 한 마디 거들었다.

"오랜만에 소주도 한 잔 드시라고 해요."

"까짓 거, 기분이다!"

흔쾌히 고개를 끄덕이는 엄마를 보고 있다가 이지는 흠칫 놀랐다. 필립 가족과의 약속이 떠올랐기 때문이다. 황급히 벽시계를 보니 이미 5시가 다 되어 있었다. 이지는 욕실로 뛰어가며 소리쳤다.

"오늘 저녁은 두 분이서 드세요! 6시에 약속 있는 걸 깜빡했어요!"

"배신자!"

아빠와 엄마가 동시에 소리쳤다.

잠시 후, 이지와 엄마는 나란히 다세대주택 현관을 나섰다. 이지는 꽃무늬 니트에 무릎을 살짝 덮는 청치마를 입은 깜찍한 모습이었다. 이지는 잠실 선착장으로, 엄마는 삼겹살을 사러 가는 길이었다.

나란히 걷는 이지의 얼굴을 힐끗 돌아보며 엄마가 물었다.

"이제 괜찮아진 거니?"

"뭐가?"

"한동안 좀비 같은 얼굴로 돌아다녔잖니. 주노란 녀석 때문에 힘들어 하더니만, 이제 괜찮아진 거니?"

이지는 어깨를 으쓱했다.

"별일도 아닌걸, 뭐."

"어쨌든 요즘 안색이 좀 나아져서 다행이다."

엄마가 문득 미간을 찌푸렸다.

"하주노 그 녀석, 그렇게 안 봤는데 아주 못쓰겠더구나."

"여기서 왜 주노 선배 얘기가 나와?"

"엄마가 장님인 줄 아니? 너희들 서로 은근히 좋아했잖아. 그런데 네가 기자들한테 그렇게 시달림을 당하는데, 어쩜 한 번도 와 보지 않고……."

"그 선배 원망할 필요 없어. 어차피 다 지난 일인걸."

이지가 엄마를 달래듯이 말했다. 하지만 호랑이도 제 말하면 나타난다고 했던가. 하주노가 이지와 엄마 앞에 불쑥 나타난 것은 그때였다. 자신의 애마인 흰색 스쿠터에서 내리는 주노를 보며 이지와 엄마는 나란히 입을 쩍 벌렸다.

주노가 엄마에게 공손히 머리를 숙였다.

"안녕하셨어요, 어머니?"

"안녕하지 못했다면 어쩔래?"

"……!"

당황하는 주노를 향해 엄마가 화난 목소리로 말했다.

"사내 녀석이 왜 이리 비겁해? 우리 이지가 그렇게 만만해 보여? 아니면 우리 집이 가난하다고 우리 딸을 무시하는 거야?"

"뭔가 오해가 있으신 모양인데……."

"오해는 무슨 오해? 우리 이지가 너 때문에 얼마나 힘들었는지 알기나 하니?"

주노에게 덤벼들려는 엄마를 이지가 가까스로 말렸다.

"엄마, 제발 그만해. 선배와는 상관없는 일이라고 했잖아."

"그렇게 당하고도 아직 이 녀석을 두둔하고 싶어?"

엄마의 말에 화가 치민 이지가 주노를 똑바로 쳐다보며 말했다.

"편을 드는 게 아니라 이제는 나와 아무 상관도 없는 사람이라는 말을 하고 있는 거야."

엄마도, 주노도 눈을 동그랗게 뜨고 이지를 보았다. 이지의 얼굴은 그 어느 때보다 차갑게 굳어져 있었다. 엄마가 고개를 설레설레 흔들며 자리를 피했다.

"난 모르겠으니 너희끼리 해결해라. 요즘 어린것들은 왜 이리 복잡한지 몰라."

엄마가 사라진 후에도 두 사람은 한동안 말이 없었다. 한참만에야 주노가 입을 열었다.

"실은 네게 사과하고 싶어서 왔어. 우리가 사촌 간이 아니라는 사실이 폭로되고 나서 네가 여러 사람들한테 시달렸을 텐데, 내가 너무 무책임하게 굴었어. 실은 솔로 컴백을 앞두고 조금 예민해져 있었어. 이번 첫 공연에는 프랑스에 있는 엄마도 와 주기로 해서······."

"괜찮아요."

"뭐?"

이지가 무표정한 얼굴로 말했다.

"다 지난 일이니까 신경 쓰지 말라고요. 그럼 난 약속이 있어서 그만."

할 말을 마치자마자 이지는 주노를 스쳐 지나갔다. 주노는 갑자기 뺨을 맞은 사람처럼 멍하니 서 있었다.

"기다려!"

주노가 빙글 돌아서며 이지의 팔을 잡았다. 그 상태로 주노는 빠르게 말했다.

"네가 얼마나 화가 났는지 알고 있어. 내가 얼마나 잔인했는지도 알고 있지. 염치없지만 한 번만 더 기회를 줘. 네가 사라진 집은 외로워서 견딜 수가 없어."

"……."

이지는 입술을 지그시 깨문 채 가늘게 떨고 있었다. 주노에게 잡힌 팔을 통해 그의 따뜻한 체온이 느껴졌다. 그 따뜻한 느낌은 최소한 그가 거짓말을 하고 있지는 않다는 확신을 주었다. 지금이라도 용서해 줄까? 그리고 그의 불안과 외로움을 달래 줄까? 갈등하다가 이지는 고개를 세차게 저었다. 윤이지, 너 바보니? 이 남자는 이러다가 또 돌변할 거야.

이지의 내부 깊숙한 곳에서 붉은 경고등이 깜빡거렸다. 결국 이지는 주노의 손을 매몰차게 뿌리쳤다.

"진심으로 미안하다면 나를 잊어 줘요. 그게 내가 선배에게 바라는 유일한 한 가지예요."

"……."

멀어지는 이지의 뒷모습을 바라보는 주노의 얼굴은 절망으로 일그러져 있었다.

노을이 깔리기 시작한 한강에 불을 환하게 밝힌 유람선 한 척이 유유히 흘러가고 있었다. 선실 안에선 필립의 아빠인 청장님의 생일파티가 한창이었다. 가까운 친구 분들과 친척 그리고 세 남매가 모인 편안한 자리였다. 얼굴이 벌겋게 달아오른 필립이 기계의 반주에 맞춰 '아빠의 청춘'이란 노래를 부르고, 애니와 제니는 백댄서가 되어 분위기를 한껏 띄워 놓은 직후였다.

"우쒸~ 이런 거 안 시키기로 해 놓고."

불만 가득한 얼굴로 자리에 앉는 필립을 향해 이지가 이상하다는 듯 물었다.

"필립, 그런데 너희 엄마는 왜 안 보이시니?"

"……!"

순간 필립의 표정이 딱딱하게 굳어졌다. 어라, 내가 괜한 질문을 던진 건가? 애니와 제니가 뒤쪽에서 필립의 어깨를 짚으며 이지를 향해 싱긋 웃었다.

"부모님은 십 년 전부터 별거 상태야. 우리 아빠는 사건만 났다 하면 그거 해결할 때까지 내내 전화 한 통 없이 집에 안 들어오시는 분이거든."

"그 다음은 설명하지 않아도 알겠지?"

"미안, 내가 괜한 걸 물어봤구나."

이지가 시무룩한 얼굴을 한 필립에게 사과했다. 제니가 필립의 어깨를 탁 치며 말했다.

"사과는 필립이 해야지. 부모님 문제로 다른 사람 불편하게 만들지 말자고 약속한 게 수십 번이야."

필립이 억지로 미소를 지었지만 이지는 마음이 편치 않았다. 이때 이지를 부르는 소리가 커다랗게 들려왔다.

"이지 양! 이지 양! 이리 나오너라!"

마이크를 잡은 청장님이 이지를 향해 과격하게 손짓하고 있었다.

"저, 저요?"

앞으로 쭈뼛쭈뼛 나오는 이지를 가리키며 청장님이 소리쳤다.

"이쪽은 미래의 우리 며늘아기 윤이지!"

순간 친구 분들 사이에서 왁자한 고함이 터져 나왔다.

"필립이 고작 중1인데 벌써 며느리를 점찍었다고?"

"예끼~ 도둑놈!"

"저 친구는 도둑이 아니라 경찰이에요."

이지의 얼굴이 홍당무처럼 변했다. 청장님이 마이크를 쥐어 주며 속삭였다.

"네 노래 실력으로 친구들의 코를 납작하게 해 다오."

"하지만 저는 음치라 노래를 못 하는걸요."

이지가 울상을 지으며 말했지만 청장님은 듣지 않고 박수를 유도했다.

"대한민국 최고의 여가수 윤이지 양에게 박수! 박수!"

으아아~ 대체 오십대 아저씨들을 위해선 어떤 노래를 불러야 하는 거야? 가뜩이나 노래에 자신이 없는 이지는 기계 앞에서 식은땀만 줄

줄 흘렸다. 아저씨들 앞에서 소녀시대나 아이유의 노래를 부를 수는 없지 않은가. 차라리 도저히 못 부르겠다고 할까?

자신에게 꽂히는 청장님과 친구 분들의 기대 어린 시선을 느끼고 이지는 무슨 곡이든 불러야만 한다고 생각했다. 잠시 후 익숙한 전주가 흐르고, 이지의 입에서 노래가 흘러나오기 시작했다.

딩동댕 초인종 소리에
얼른 문을 열었더니♬
그토록 기다리던
아빠가 문 앞에서 계셨죠~♪♪
너무나 반가워 웃으며~
아빠하고 불렀는데~
어쩐지 오늘 아빠의 얼굴이
우울해 보이네요

이지는 입으로 부지런히 박자를 따라가며 눈으로는 청장님과 손님들의 반응을 살폈다. 하나같이 황당한 표정들이었다. 심지어 필립과 제니, 애니까지 반쯤 넋이 나가 있는 것 같았다. 역시 선곡이 잘못된 거야. 빨리 무슨 수를 내야 해. 나 때문에 분위기를 망칠 수는 없다고. 이지는 결국 허리에 양손을 걸쳤다. 그리고 무릎을 구부렸다 펴며 율동을 곁들이기 시작했다.

아빠 힘내세요 우리가 있잖아요~
아빠 힘내세요 우리가 있어요 ♪

"으하하!"
"껄껄껄!"
 제일 먼저 웃음을 터뜨린 사람은 청장님이었다. 친구 분들을 비롯해 모든 손님들도 지독한 음치와 딱딱한 율동에도 불구하고 목청껏 노래를 부르는 이지를 가리키며 웃어젖혔다. 테이블이 부서져라 두드리며 웃는 필립과 제니, 애니의 모습도 보였다. 나 잘한 거지? 어쨌든 분위기는 띄운 거지? 이지는 그제야 딱딱하게 굳은 얼굴에 미소를 지을 수 있었다.

3
조지 워싱턴을 만나다

"후아아~ 정신이 하나도 없네."

이지는 땀을 닦으며 선실 밖으로 나왔다. 노래 한 곡 부르다가 까무러칠 뻔했다. 밖으로 나오자마자 기다란 테이블 위에 노란색 주스가 담긴 투명한 유리잔 수십 개가 줄을 맞춰 놓여 있는 게 보였다. 아까 선실에서 마신 오렌지주스와 비슷한 빛깔인지라 이지는 별 의심하지 않고 그중 하나를 집었다. 그리고 흥분을 가라앉히기 위해 단숨에 주스를 들이켰다.

"크으~ 시원하다! 어라, 그런데 주스 맛이 조금 이상하네?"

손등으로 입가를 훔치다가 이지는 고개를 갸웃했다. 오렌지주스는 맞는 것 같은데 맛이 살짝 달랐다. 처음 먹은 주스보다는 덜 달지만 이상하게 당기는 맛이었다.

"이 주스 은근히 맛있네."

이지는 그 자리에 서서 거푸 세 잔을 마셨다. 그제야 갈증이 가시며 몸이 둥실 떠오를 듯 기분이 좋아졌다.

이지는 유유히 강을 헤치고 나아가는 유람선의 후미를 향해 걸어갔다. 저녁이 끝나고 밤이 시작되려 하고 있었다. 세상은 어느새 짙은 파란색으로 물들어 있어 세상 전체가 강처럼 보인다고 생각하며 이지는 배의 끝자락 난간 앞에 섰다. 후텁지근한 바람이 불어 왔지만 이상하게도 상쾌하게 느껴졌다. 강바람에 섞여 물비린내도 풍겨 왔다.

이지는 아파트와 고층 빌딩들이 불야성을 이룬 강 건너 도시가 왠지 낯선 세계처럼 느껴졌다. 배에서 내려 저 도시로 들어가면 혹시 눈이 하나뿐인 사람들이 거리를 활보하고 있지는 않을까.

혼자만의 상상에 키득거리고 있던 이지는 문득 멈칫했다. 그녀의 눈에 낯익은 풍경이 들어 왔던 것이다. 이지는 눈을 크게 뜨고 바로 앞 한강 둔치를 바라보았다. 하얗게 칠한 텅 빈 벤치와 그곳에서 멀지 않은 곳에 세워진 퇴락한 느낌의 편의점. 편의점 앞의 비치파라솔도 아직 그대로였다. 이지가 착각하고 있는 게 아니라면 얼마 전 주노와 왔었던 뚝섬지구가 분명했다.

"그날 저 벤치에 나란히 앉아 있을 때는 특별한 사이가 되었다고 믿었는데……"

이지의 입에서 낮은 한숨이 새어나왔다. 며칠 전의 일이 수십 년 전의 일처럼 느껴졌다. 주노와 다시는 그런 특별한 감정을 느낄 수 없을 것이라고 생각하자, 저릿한 고통이 밀려들었다.

아아……, 갑자기 왜 이리 어지럽지? 이지가 갑자기 어지러움을 느낀 것은 그때였다. 이지 본인은 모르고 있었지만 그녀는 배 후미로 올 때부터 휘청거리고 있었다. 배가 흔들려서인 줄 알았지만 그게 아니었다. 방금 전에 마신 오렌지주스가 문제였다. 그건 주스가 아니라 오렌지주스가 들어간 칵테일이었다. 어지러움은 점점 심해졌고, 이지의 몸도 점점 흔들렸다. 간신히 난간을 붙잡고 있었지만 강물이 솟구쳐 자신을 덮치는 환상에 시달렸다.

"으어어……."

이지의 몸이 난간을 넘어 강물 쪽으로 서서히 기울었다.

풍덩-!

점점 기울던 몸은 마침내 강물로 추락하고 말았다. 이지는 정신없이 허우적거렸지만 원래 수영을 잘 못 하는데다 술까지 마신 상태라 몸을 제대로 가눌 수가 없어 자꾸만 아래로 가라앉으려고 했다.

"사…… 살려……."

수면 밖으로 나왔다 가라앉기를 반복하며 이지는 멀어지는 배를 향해 소리를 질렀다. 하지만 사람들은 선실 안에 있었기 때문에 이지가 물에 빠진 것을 알아차리지 못했다. 이지는 마침내 버둥거릴 기운조차 잃고 말았다. 몸이 수면 아래로 천천히 가라앉기 시작했다. 한여름이라 물은 차갑지 않았다. 그래서인지 어두웠지만 생각처럼 무섭지도 않았다.

"한 번만 더 기회를 줘."

마지막이라고 생각하는 순간, 떠오른 것은 하필이면 하주노의 얼굴이었다.

"이지 이 녀석, 어디로 사라져 버린 거지?"

필립은 배 후미까지 와서 이지를 찾고 있었다. 노래를 부른 후 얼굴이 벌게져 달려 나가더니 한참이 지나도록 들어오지 않아 걱정이 된 것이었다. '아빠, 힘내세요'라니? 하여튼 엉뚱한 녀석이라니까.

필립은 입가에 미소를 떠올리며 천천히 돌아섰다. 이때 필립이 뒤쪽을 바라보았다면 허우적거리는 이지를 발견했을지도 모를 일이었다. 하지만 필립은 바로 그 이지에 대해 생각하느라 물에 빠진 그녀를 미처 발견하지 못했다.

"이, 이지……?!"

정작 이지를 발견한 사람은 강가에서 유람선을 쫓고 있던 주노였다. 이대로는 도저히 집으로 돌아갈 수 없었던 주노는 스쿠터를 타고 배를 따라가는 중이었다.

"사람이 빠졌어요! 배에서 사람이 떨어졌어요!"

주노가 허우적거리는 이지를 남겨 두고 떠나는 유람선을 향해 소리쳤지만 아무도 듣지 못한 것 같았다. 짧은 순간 망설이던 주노는 강물로 다이빙을 했다.

부그르르…….

거품을 마구 피우며 이지는 어두운 수면 아래로 가라앉고 있었다. 이지는 죽음을 가까이서 느꼈다. 상상했던 것보다 무서운 느낌은 아니었다. 그것은 오히려 약간 따뜻하고 편안한 기분이었다. 그래, 어쩌면 이것도 그리 나쁘지만은 않을지도.

이지가 죽음을 받아들이려는 그 순간, 갑자기 머리 위가 환해졌다. 고개를 들어 보니 수면 쪽에서 눈부신 빛을 등진 채 누군가 헤엄쳐 오는 게 보였다. 어라, 한밤중에 수영하는 저 녀석은 대체 누구지? 한참만에야 이지는 자신을 향해 필사적으로 헤엄쳐 오는 사람이 주노임을 알아차렸다.

이 순간에도 하주노에 대한 꿈을 꾸고 있는 거야? 너도 참 대단한 집착녀다, 윤이지. 주노가 자신의 얼굴을 양손으로 와락 잡으며 다짜고짜 입을 맞추는 순간에야 이지는 이 모든 것이 현실임을 깨달았다. 주노의 부드러운 입술 사이로 달콤한 숨이 훅 뿜어졌다. 그가 불어 넣어 준 공기를 빨아들이며 이지는 천천히 정신을 잃어 가고 있었다.

이지의 침대 위에 놓인 「세기의 로맨스」가 눈부신 빛을 내뿜기 시작했다. 두툼한 양장본 책이 침대 위로 천천히 떠오르며 원룸 안에 빛의 소용돌이가 휘몰아쳤다. 커튼이 펄럭이고, 책꽂이의 책들은 어지럽게 날렸다. 찰나의 순간, 책은 감쪽같이 사라지고 말았다. 동시에 빛도 사그라졌다.

이지는 눈을 꼭 감고 누워 있었다. 그녀는 자신이 결국 강바닥에 닿았다고 생각했다. 그런데 조금 이상한 점이 있었다. 마지막 순간 빛을 등진 채 헤엄쳐 오는 주노의 모습을 본 것 같았던 것이다. 자신에게 입을 맞추고 신선한 공기를 불어 넣던 그는 대체 어디로 사라져 버렸단 말인가.

강바닥이라고 하기엔 푹신한 느낌과 싱그러운 풀냄새 그리고 가끔씩 들려오는 새소리도 이상했다. 설마 또 이상한 곳으로 떨어져 버린 것은……? 불안감을 느낀 이지는 양손으로 주위를 더듬어 보았다. 오른손에 무언가 덜컥 걸렸다. 그것이 「세기의 로맨스」의 딱딱한 양장본 표지임을 알아차린 이지가 눈을 번쩍 떴다.

"대체 왜 자꾸 이런 일이 생기는 거야? 이번엔 또 어디로 떨어진 거냐고."

불만스런 얼굴로 몸을 일으킨 이지는 자신이 한낮의 햇빛이 쨍한 초원 한복판에 있음을 알게 되었다. 흔히 볼 수 있는 아담한 풀밭이 아니라 군데군데 보이는 커다란 바위 말고는 사방이 온통 까마득한 지평선인 대초원이었다. 풀 향기가 진동하는 상쾌한 바람을 맞으며 이지는 탁 트인 지평선을 신기한 듯 둘러보았다.

"와아~ 엄청난 대초원이다. 여긴 대체 어디지?"

"영국 식민지인 아메리카의 버지니아주 마운트 버논이란 곳이야."

등 뒤에서 어눌한 목소리가 들려오자 이지는 흠칫 놀라 돌아섰다. 이지보다 서너 살쯤 많아 보이는 청년이 말고삐를 잡고 서 있는 게 보였다. 청년은 가죽 신발에 다리에 찰싹 달라붙는 면바지 그리고 헐렁한 셔츠를 입고 머리에는 나폴레옹과 비슷한 이각모를 눌러쓴데다 허리에는 권총집을 두르고 있었다. 전체적으로 지저분한 목동 차림이었지만, 이지는 눈처럼 하얀 은발에 파란색 눈동자 그리고 고집이 엿보이는 입술을 가진 청년이 주노와 매우 닮아 있다는 사실을 간파했다.

이지는 살짝 긴장하며 물었다.

"이곳이 미국의 버지니아주라면 지금이 정확히 몇 년도인지……?"

"1770년이지. 넌 어디서 왔기에 그것도 몰라?"

"1770년? 18세기 후반이라는 얘기잖아. 영국, 인도, 프랑스, 조선에 이어 이젠 영국 식민지 시대의 미국으로 떨어져 버린 거야?"

"어이~ 괴상한 소녀. 그런데 네 이름은 뭐니?"

"나는 윤이지라고 해요."

"윤이지? 거참 희한한 이름이군."

꽃무늬 니트에 청치마 차림의 이지를 위아래로 훑으며 청년이 다시 물었다.

"아하, 이제 보니 너는 인디언 소녀구나? 너도 체로키족이겠지?"

"나는 아메리카 인디언이 아니거든요."

"하지만 그 머리카락과 피부색은 영락없는 인디언인걸?"

"원래 아시아인과 아메리카 인디언은 외모적인 공통점이 많다고요."

"흐음……."

의심을 풀지 않는 청년을 향해 이지가 짜증스런 목소리로 물었다.

"숙녀에게 이름을 물어봤으면 그쪽도 이름을 밝히는 게 순서 아닌가요?"

"아, 미안. 내 이름은 조지 워싱턴이라고 해."

"누, 누구라고요?"

이지의 눈이 휘둥그레졌다.

"조지 워싱턴. 버지니아주 마운트 버논의 지주 오거스틴 워싱턴의 둘째 아들이야. 아버지는 오래전에 돌아가셨고, 이복형인 로렌스가 페어팩스 가문으로 장가를 들어서 지금은 어머니와 단둘이 살고 있지."

이지가 가늘게 떨리는 손가락으로 청년의 얼굴을 가리켰다.

"그, 그러니까 영국과의 독립전쟁을 승리로 이끌고, 미국 초대 대통령에 오른 그 워싱턴이란 말이죠?"

"아까부터 미국, 미국 하는데 그건 대체 어느 나라야? 그리고 독립전쟁이라니? 본국과 식민지 사이가 나쁘기는 하지만 전쟁을 일으킬 정도는 아니라고."

"아직 미국이 건국되기 전이구나. 독립전쟁도 아직 일어나지 않았고."

이지가 혼잣말로 중얼거렸다. 조지는 그런 이지를 남겨 두고 말에 올라탔다.

"어쨌든 조심해라. 이곳은 마을에서 멀리 떨어진 곳이라 늑대나 사나운 인디언들이 나타날지도 모르니까."

"잠깐! 스톱!"

이지가 말머리를 돌리는 조지의 앞을 막아섰다.

"왜 그러니? 나는 바쁜 일이 있어서 가 봐야 한단다."

"이 초원에 느, 늑대가 우글거리고, 사나운 인디언들도 출몰한다면서요?"

"그런데?"

"이런 곳에 연약한 소녀를 혼자 버려두고 가겠다고요? 그러고도 당신이 남자예요?"

조지가 살짝 곤란한 표정을 지었다.

"물론 초원은 위험한 곳이야. 하지만 지금 내가 향하는 도마뱀 계곡은 몇 배 더 위험한 곳이지. 그런데도 따라갈래?"

"당연히 가야죠. 그곳에선 적어도 당신의 보호를 받을 수 있을 테니까요."

"그렇다면 올라오렴."

조지가 내민 손을 잡고 이지는 말에 올랐다.

"끼럇~"

조지가 마침내 햇살이 환한 초원을 달리기 시작했다. 떨어지지 않으려고 조지에게 바싹 붙으며 이지가 물었다.

"그런데 도마뱀 계곡은 어떤 곳이에요?"

"그 너머에 체로키족의 마을이 있단다."

"인디언 마을에는 왜 가는 건데요?"

"백인 마을과 인디언 마을 사이에 작은 오해가 생겼어. 그래서 그걸 풀러 가는 길이야."

"무슨 오해인데요?"

"자세한 설명은 나중에 해 줄게. 끼럇~"

도마뱀 계곡이 왜 도마뱀 계곡인지 이지는 금방 알아차릴 수 있었다. 좁은 입구로 들어가자마자 도마뱀 꼬리처럼 꾸불꾸불한 계곡이 끝도 없이 이어졌던 것이다. 계곡 좌우편은 깎아지는 절벽이라 이런 곳에서 기습당한다면 아무리 강한 군대라도 당할 수밖에 없을 것 같았다.

계곡 안은 기분 나쁠 정도로 고요했다. 커다란 독수리 한 마리가 파란 하늘을 맴돌았다.

"계속 좀 으스스하지 않아요?"

"……."

"왜, 서부 영화에서 보면 꼭 이런 곳에서 화살이 날아오잖아요."

쉬이익-

이지의 말이 끝나자마자 공기를 가르는 날카로운 소리가 들렸다. 그리고 절벽 위에서 날아온 화살이 말발굽 바로 앞에 박혔다.

"꺄아악! 어서 도망쳐요! 어서요!"

조지의 허리를 와락 안으며 이지는 꽥꽥 악을 썼다.

"어이~ 언제까지 그러고 있을 거야? 답답하단 말이야."

잠시 후, 조지의 어눌한 목소리를 듣고서야 이지는 고개를 슬쩍 들었다.

"대체 어떤 녀석이 이런 장난을······?"

"오오오오~"

요란한 함성과 함께 활과 도끼로 무장한 인디언들이 계곡 앞뒤에서 말을 타고 달려 나왔다. 순식간에 조지와 이지를 포위한 인디언들이 성난 눈초리로 두 사람을 째려보았다. 겁에 질린 이지가 떨리는 목소리로 말했다.

"서, 서부 영화 같은 데서 보면 인디언들이 개척민을 붙잡아 막 고문하고 그러잖아요? 설마 진짜로 그러는 건 아니겠죠?"

"서부 영화가 뭔지는 모르겠지만 평소에는 안 그래. 하지만 지금은 백인들에게 화가 나 있기 때문에 어떨지 모르지."

"우쒸~"

고문당할지도 모른다는 말을 너무 태연히 하는 조지의 뒤통수를 이지가 흘겨보았다. 이때 머리카락에 독수리 깃털 장식을 한 늙은 인디언이 앞으로 나섰다.

"오랜만이구나, 조지?"

"안녕하세요, 추장님."

"앞으로 우리 인디언 마을에 백인들의 출입을 금한다고 통보했을 텐데?"

"물론 알고 있어요. 하지만 그런 식으로는 언제까지나 오해가 풀리지 않을 겁니다."

"오해를 풀고 싶으면 백인 마을의 지도자인 페어팩스 대령이 와야지. 너 같은 애송이가 무얼 할 수 있겠나?"

추장이 조지의 얼굴을 가리키며 화난 목소리로 말했다.

"백인들은 요즘 자신들의 방목지에서 사라진 소들을 우리가 훔쳐 갔다고 의심하고 있지. 하지만 위대한 사냥꾼인 우리 체로키들은 절대로 남의 것을 훔치지 않는다."

조지가 순순히 수긍했다.

"물론 저는 여러분의 결백을 믿습니다. 그래서 머리를 맞대고 오해를 풀 방법을 찾아 보자는 거예요."

"오해는 거짓 진실을 믿고 있는 너희 백인들이 풀 문제다. 그걸 왜 우리한테 이야기하나?"

"그러니까 같이 힘을 합쳐서……."

"얘들아, 조지를 붙잡아라! 백인들이 쳐들어올 때를 대비해서 인질로 삼아야겠다!"

추장의 명령이 떨어지자 인디언들이 달려들어 조지와 이지를 끌어내렸다. 겁에 질린 이지가 몸부림치며 비명을 질렀다.

"꺄아악! 풀어 줘! 난 아무 잘못 없어!"

"할아버지! 그 친구들을 풀어 주세요!"

날카로운 고함소리가 들려온 것은 그때였다. 이지가 돌아보니 조지와 비슷한 또래의 잘생긴 인디언 청년이 걸어오고 있었다.

"피추, 네가 나설 문제가 아니다."

피추라고 불린 인디언 청년이 추장을 똑바로 보며 말했다.

"우리가 조지를 인질로 잡는다면 백인들과의 전쟁을 피할 수 없을 거예요. 그럼 애써 지킨 마을은 파괴되고, 형제들은 뿔뿔이 흩어지겠죠."

"체로키는 패배를 모른다."

"용맹을 자랑하던 아파치족도, 모히건족도, 수족도 모두 백인들과 전쟁을 벌였다가 망했어요. 살아남으려면 백인들과 평화롭게 지낼 방법을 찾아야 한다고요."

입술을 깨물고 고민하던 추장이 조지를 향해 마지못해 말했다.

"좋아, 일단 마을로 가서 얘기하자."

"고맙습니다, 추장님."

빙그레 미소 짓는 조지를 보며 이지도 가슴을 쓸어내렸다.

길고 꾸불꾸불한 계곡을 통과하자 높은 산이 나타났다. 그 산 아래쪽 탁 트인 들판에 수백 개의 인디언 텐트가 세워진 마을이 나타났다. 마을 근처 풀밭에서는 수많은 말들과 아메리카 들소들이 한가롭게 풀을 뜯고 있었다. 저녁이 다가오는 마을 곳곳에서 아이들은 불을 피우고, 여자들은 요리를 만들었다. 옥수수와 밀가루 반죽을 팬 위에 얇게 펴서 구워내는 콘 브레드와 소고기 스튜가 먹음직스러워 보였다.

텐트 사이로 걸어가며 침을 꼴딱꼴딱 삼키는 이지를 보고 피추가 물었다.

"그런데 이 아가씨는 누구지?"

조지가 어깨를 으쓱하며 답했다.

"이름은 윤이지. 그 외에는 나도 아는 게 없어."

"그런데 왜 데려왔어?"

"자기가 무작정 따라온 거야."

"흐음…… 어쨌든 이 아가씨 굉장히 배고파 보이는데?"

이지가 초롱초롱 빛나는 눈으로 피추를 보며 정신없이 고개를 끄덕였다.

"맞아요. 배가 고파 돌아가실 지경이에요."

"일단 추장님의 텐트로 갑시다. 대화를 나누며 식사할 수 있도록 준비할 테니."

"꺄아~ 피추 오빠, 멋쟁이!"

"케헥! 이, 이것 좀 놓고……."

"이 빵 이름이 콘 브레드라고 했죠? 이거 진짜 맛있어요. 스튜도 살살 녹는데요."

들소의 털이 푹신하게 깔린 텐트에 앉아 맹렬한 기세로 음식을 먹어치우는 이지를 추장과 피추와 조지가 황당한 듯 보고 있었다.

"끄윽~ 이제야 조금 살 것 같네."

4인분의 식사를 혼자 먹어치운 이지가 불룩해진 배를 두드리며 흡족하게 웃었다. 그러다 세 사람의 시선이 자신에게 집중되어 있음을 깨닫고 쑥스럽게 말했다.

"하하~ 식기 전에 음식 좀 드시죠."

조지가 퉁명스럽게 말했다.

"음식을 남겨 놓고 먹으라고 해라."

"네, 내가 조금 과식했나?"

이지에게서 시선을 거둔 추장이 조지를 향해 말했다.

"그래서 어떻게 오해를 풀겠다는 것이냐?"

"일단 범인부터 잡아야죠."

"어떻게?"

"소들을 도둑맞은 장소는 주로 공동 방목지였어요. 그곳에 저희 목장의 소들을 풀어 놓고 밤새 감시해 볼 생각이에요."

"흐음…… 함정을 파놓고 기다리시겠다? 범인이 과연 걸려들까?"

"다른 목동들은 공동 방목지 근처에 얼씬도 하지 않아요. 지금쯤 소도둑도 초조해지기 시작했을 거예요. 이럴 때 살찐 소들을 풀어 놓는다면 반드시 움직일 거라고 생각해요."

그제야 추장이 표정을 살짝 풀며 고개를 끄덕였다. 추장의 손자인 피추가 걱정스런 표정을 지었다.

"너무 위험하지 않을까? 만약 범인이 여러 명이라면 어떻게 감당하려고?"

조지가 알통을 내보이며 씨익 웃었다.

"비겁한 도둑 몇 놈쯤은 간단히 제압할 수 있다고."

"나도 함께 가자."

조지 워싱턴을 만나다

"안 될 말이다!"

추장이 손바닥으로 바닥을 내리치며 고함쳤다.

"너는 나를 이어 우리 부족을 이끌 몸이야."

할아버지의 만류에도 피추는 고집을 꺾지 않았다.

"조지는 우리 부족을 위해서 기꺼이 위험을 감수하고 있어요. 그런데 나 몰라라 하는 것은 비겁한 짓이에요."

"하지만 피추……."

"할아버지는 제게 부족을 이끌기 위해선 늘 용감해야 한다고 말씀하셨어요. 저는 그 말씀을 지키려는 것뿐이에요."

"……."

할 말을 잃은 추장이 천천히 고개를 끄덕였다. 피추가 조지를 향해 손을 내밀었다.

"조지, 우리 힘을 합쳐서 꼭 범인을 잡자."

"고마워, 피추."

힘주어 악수하는 두 친구를 보며 이지도 뿌듯한 미소를 지었다.

한밤중에 조지와 피추 그리고 이지는 말을 타고 초원으로 나왔다. 별이 쏟아질 것 같은 하늘과 맞닿은 지평선을 향해 세 사람은 나란히 말을 달렸다.

"워~ 워어~"

앞장서 달리던 피추가 말을 멈추자 조지와 이지도 따라 멈추었다.

"아아……!"

전방을 바라보는 이지의 입에서 감탄사가 흘러나왔다. 바로 앞은 깎아지는 듯한 협곡이었다. 그리고 세 사람이 멈춘 협곡 밖으로 기다란 바위 하나가 튀어 나와 있었다. 피추가 이지를 돌아보며 싱긋 웃었다.

"지금부터 저 바위 끝으로 걸어갈 거야."

"으엑! 왜 그런 위험한 짓을 해요?"

"나와 조지는 저 바위를 스카이 로드, 즉 하늘에 이르는 길이라고 불러. 왜 그런 이름을 붙였는지 너도 바위 끝에 서 보면 알게 될 거야."

"하지만 너무 위험해 보이는데……."

이지가 못내 불안한 듯 중얼거렸지만 두 남자는 개의치 않고 천천히 말을 몰아 전진했다. 이지도 결국 두 사람을 따라갔다.

"으으…… 대체 왜 이런 곡예를 부려야 하는 거냐고."

부들부들 떨며 두 사람 사이에 선 이지의 입에서 탄성이 새어나왔다.

"우와~"

그제야 이지는 이 바위 끝자락을 왜 스카이 로드라고 부르는지 알 것 같았다. 바위 끝에 서 있자니 마치 땅을 딛지 않고 별로 뒤덮인 하늘 한복판에 둥실 떠 있는 기분이었다. 그야말로 자연이 인간에게 선물한 최고의 비경이라 할 만했다. 멍하니 하늘을 올려다보는 이지의 옆에서 피추와 조지가 차례로 말했다.

"우리는 이곳에 올 때마다 우리를 지켜 주는 신의 존재를 느낀단다."

"비록 믿는 신은 다르지만 각자의 신 앞에서 영원한 우정을 맹세했지."

별빛에 흠씬 젖은 두 남자의 얼굴을 번갈아 보며 이지는 속으로 중얼거렸다. 뭐야, 두 사람 다 제법 멋있어 보이잖아? 그 후로도 오랫동안 세 사람은 나란히 서서 밤하늘의 별을 헤아리고 있었다.

다음 날 날이 밝자마자 조지와 이지는 마을로 돌아왔다. 낮은 목조 건물들로 이루어진 마을은 번잡하고 지저분했다. 목동들이 소 떼를 몰고 자욱한 흙먼지를 일으키며 지나갔고, 칙칙한 롱드레스에 머리에는 파자마 모자를 눌러쓴 여자들이 삼삼오오 모여 수다를 떨었다. 보안관 사무실 앞에 총을 든 남자들이 열 명도 넘게 모여 있는 것을 발견하고 조지와 이지는 걸음을 멈추었다.

조지가 콧수염을 멋들어지게 기른 중년의 보안관을 향해 물었다.

"그레이 보안관님, 무슨 사고라도 터졌나요?"

보안관이 손가락으로 콧수염을 배배 꼬며 대답했다.

"페어팩스 대령님의 지시로 체로키 인디언들과 전투를 벌일 준비 중이란다."

"예에? 체로키족과 전쟁을 벌인다고요?"

"놈들이 우리 소를 훔쳐갔으니 대가를 치러야지."

조지가 흥분하여 외쳤다.

"소를 훔쳐간 건 그들이 아니라니까요!"

"네 녀석이 어떻게 알아? 며칠 전에 마크가 체로키족이 방목지에 풀어 놓은 자신의 소를 몰고 가는 것을 똑똑히 봤다는 거야."

"마크 아저씨는 유명한 주정뱅이잖아요. 그런 사람의 말을 어떻게 믿어요?"

"조지 너는 늘 인디언 편만 들더라. 옆에 있는 계집아이는 누구니? 아예 인디언 여자애를 사귀기까지 하는 거냐?"

이지가 버럭 소리를 질렀다.

"나는 인디언이 아니거든요! 엄연한 대한민국 국민이라고요!"

"대한민국? 그게 어딘데?"

"대한민국이 어디냐 하면 말이죠. 태평양을 가로질러서…… 어휴, 관둬요."

설명을 포기하고 이지는 손을 휘휘 저었다. 조지가 이지의 손을 잡고 급히 걸음을 옮겼다.

"일단 집으로 가자. 빨리 범인을 찾아내지 않으면 조만간 진짜 전투가 벌어지겠어."

"이게 조지의 집이에요?"

목장 끝자락에 있는 조지의 저택에 도착한 이지는 실망스런 표정을 감추지 못했다. 영화에서 봤던 깨끗하고 목가적인 분위기를 상상했는데, 푸른 이끼로 뒤덮인 이 층짜리 저택은 당장이라도 유령이 튀어나올 듯 을씨년스러웠다.

"집이 조금 지저분하지? 대청소를 한다한다 하면서 미루기만 해서

조지 워싱턴을 만나다

그래."

"상관없어요. 집안만 깨끗하면 되죠, 뭐."

억지로 웃으며 조지를 따라 들어간 이지는 다시 한 번 입을 벌리고 말았다. 모든 창문을 두꺼운 커튼으로 가려 놓아 집안은 어두침침했고, 바닥에는 먹다 남은 음식 접시와 빈 술잔 그리고 빨랫감들이 아무렇게나 널려 있어 마치 폭격을 맞은 듯했다.

"이…… 이게 도대체 사람이 살고 있는 집이 맞는 건지……?"

질린 듯이 중얼거리는 이지의 귀에 철판을 긁는 듯한 기분 나쁜 목소리가 들려왔다.

"거기 누구요?"

"으아악!"

어둑한 거실의 소파에 몸을 깊숙이 묻은 잠옷 차림의 깡마른 백인 아줌마를 발견하고 이지는 비명을 지르고 말았다. 헝클어진 반백의 머리카락과 해골처럼 퀭한 눈이 진짜 유령처럼 보였기 때문이다.

"누, 누구세요?"

겁에 질린 이지의 어깨를 조지가 살며시 잡았다.

"우리 어머니인 메리 볼 여사야."

"어, 어머니라고요?"

조지가 씁쓸한 미소를 지으며 말했다.

"어머니는 아버지를 진심으로 사랑하고 존경하셨어. 그런데 아버지가 병으로 갑자기 돌아가시자 어머니는 깊은 우울증에 빠지셨지. 그래서…….”

 조지가 말끝을 흐렸지만 이지는 더 이상 묻지 않았다. 우울증이 얼마나 무서운 병인지 잘 알고 있었기 때문이다.

 조지가 어머니의 옆으로 다가가 부드럽게 어깨를 어루만졌다.

 "어머니, 윤이지 양을 소개할게요. 초원 한복판에 마술처럼 갑자기 나타났지만 심성은 착한 아가씨인 것 같아요. 당장 갈 곳이 없다고 해서 당분간 우리 집에서 지내기로 했어요.”

 “…….”

 조지의 어머니인 메리 여사는 대답이 없었다. 하지만 이지는 그녀의 눈동자가 자신을 향하고 있음을 알아차렸다. 이지가 공손히 머리를 숙였다.

 "안녕하세요, 메리 여사님. 윤이지라고 합니다.”

 아무 반응 없는 메리 여사의 어깨를 어루만지다가 조지가 이지를 데리고 이 층으로 올라갔다.

 "네가 묵을 방으로 안내해 줄게.”

 조지가 안내해 준 방은 넓지는 않았지만 비교적 깨끗했다. 커튼을 젖히자 햇살이 환하게 들어오는 점이 특히 좋았다. 흡족한 표정으로 침대에 걸터앉는 이지에게 조지가 말했다.

 "내 방은 바로 옆이야. 무슨 일 생기면 바로 노크하라고.”

 "고마워요.”

 "그리고 이걸로 갈아입어.”

조지가 아까 거리에서 본 것과 같은 칙칙한 원피스와 파자마 모자를 내밀었다.

"쳇~ 꼭 이런 촌스러운 옷으로 갈아입어야 해요?"

"너처럼 입고 다니면 사람들이 이상하게 쳐다본다고."

"정 그렇다면 할 수 없죠."

"두 시간 후에 점심 먹을 테니까 그때까지 샤워하고 쉬고 있도록 해."

"알았어요."

조지가 방문을 닫고 나가자마자 이지는 옷부터 갈아입었다. 파자마 모자까지 눌러쓰고 거울 앞에 서니 영락없는 메이드였다. 후우~ 어쩌면 메이드가 천직인지도 모르겠다, 윤이지.

4
마사 커티스와 셀리 게리

 침대에 누워 있다가 이지는 깜빡 잠이 들었다.
 꿈속에서 그녀는 기자들에게 쫓기고 있었다. 싫다고 도망치는데도 기자들은 끈질기게 쫓아왔다. 기자들의 손길이 스칠 때마다 옷이 조금씩 찢어졌다. 이대로 가면 길 한복판에서 벌거숭이가 될 판이었다. 수치스럽고 분해 자꾸 눈물이 흘렀다. 이때 눈앞에 주노가 나타났다. 이지는 그를 향해 도와달라고 애원했다. 하지만 그는 낯선 사람처럼 바라볼 뿐이다.
 "흑…… 흐흑……."
 꿈속이었지만 너무 슬퍼서 눈물이 줄줄 흘렀다. 누군가의 손이 그녀를 흔들었다.
 "이지? 이지? 왜 울고 있는 거니?"

눈을 번쩍 뜨자 조지의 얼굴이 다가들었다. 하지만 아직 꿈과 현실의 경계를 헤매고 있는 이지는 눈앞에 보이는 사람을 주노라고 착각했다.

철썩!

"악!"

다짜고짜 뺨을 맞은 조지가 황당한 표정을 지었다.

"밥 먹으라고 깨운 게 잘못이야?"

그제야 이지는 자신이 때린 사람이 주노가 아니라 조지임을 알아차렸다.

"미, 미안해요."

짧게 한 마디하고는 이지가 쌩하니 나가 버렸다. 미안하긴 했지만 하주노와 닮았다는 것만으로도 맞을 이유는 충분하다고 이지는 생각했다.

식탁에는 모두 네 사람이 앉아 있었다. 조지의 어머니와 조지 그리고 이지 외에도 마사 커티스라는 수줍음 많은 아가씨가 있었다.

"반가워요, 이지 양. 조지의 오랜 친구인 마사 커티스라고 해요. 편하게 마사라고 불러줘요."

작고 통통한 체격에 콧잔등에 주근깨가 박힌 그녀는 결코 미인이라고 할 수 없었다. 하지만 이지는 그녀가 착하고 겸손한 여자임을 금방 알아차렸다.

"호호호."

둘은 금방 친해져서 식사 중에 웃음꽃을 피웠다. 그러면서도 마사는 틈이 날 때마다 묵묵히 식사만 하는 조지의 얼굴을 곁눈질했다. 오호라~ 이 아가씨는 조지한테 푹 빠져 있군. 이지는 마사가 조지를 좋아하고 있음을 한눈에 알아차렸다.

"이지 양, 조만간 우리 집에 꼭 놀러 와요."

"알았어요. 조지와 함께 갈게요."

"그럼 이만."

식사 후 마사가 떠나자마자 이지는 조지를 향해 질투 섞인 목소리로 물었다.

"마사와 사귀는 사이죠?"

"응? 그게 무슨 소리야?"

"내가 다 봤거든요. 마사가 당신을 바라보는 눈빛이 예사롭지 않았다고요."

"그런 거 아니야."

"에이~ 왜 수줍어하고 그러실까?"

"글쎄, 그런 게 아니라니까!"

이지와 만난 이후 조지가 처음으로 목소리를 높였다. 이지는 놀란 듯 조지의 얼굴을 보았다. 그제야 이지는 조지가 진짜 마사를 좋아하지 않는다는 사실을 알았다. 결코 받아줄 수 없는 그녀의 마음 때문에 당황하고 있다는 사실까지.

휴우~ 어딜 가나 이놈의 사랑이 문제로군. 고개를 설레설레 흔드는 이지를 향해 조지가 표정을 풀며 말했다.

"그만 나가 보자. 소들을 슬슬 방목지에 풀어 놓아야 할 시간이야."

오후 늦게 조지와 이지는 소 떼를 몰고 방목지로 향했다. 그리고 넓은 초원에 소들을 풀어 놓고 자유롭게 풀을 뜯게 했다. 한 번 방목지에 풀어 놓으면 사나흘씩 풀을 뜯게 한다고 했다. 그 사이 혹시 맹수들이나 도둑들이 소를 해치지 않는지 잘 감시해야 하는 것이다.

조지는 일부러 소들과 멀리 떨어진 곳에 텐트를 쳤다.

"여어~ 친구들!"

때맞춰 피추도 말을 타고 나타났다. 피추의 손에는 라이플이 쥐어져 있었다.

서쪽 지평선이 붉게 물들 무렵, 세 사람은 일찌감치 저녁을 해 먹었다. 이지는 붉은색으로 물들어가는 하늘을 새삼스러운 표정으로 바라보았다. 자신이 살고 있는 미래의 하늘도 이것과 다르지 않음이 분명한데 왠지 지금 올려다 보는 하늘은 뭔가 더 특별한 것 같았다. 푸른 초원과 붉은 하늘, 모닥불을 피우고 옆에는 인디언과 백인 친구가 있다니 꼭 영화 속에 들어온 것 같았다.

날이 어두워지자마자 셋은 텐트로 들어가 불을 끄고 잠든 척했다. 한참 동안 웅크리고 있던 세 사람은 텐트 밖으로 살금살금 기어 나와 말을 끌고 소 떼가 있는 곳으로 향했다.

언덕 위에 넙죽 엎드린 채 조지, 피추, 이지는 저 아래에서 한가롭게 풀을 뜯는 소들을 지켜보고 있었다. 자정 무렵까지 옴짝달싹 않고 기다렸지만 도둑은 나타나지 않았다.

"으하암~"

졸음이 밀려들어 이지는 입을 쩍 벌리고 하품했다. 그때 조지가 갑자기 그녀의 입을 손바닥으로 틀어막았다.

"읍!"

"쉬잇."

조지의 긴장된 목소리를 듣고 이지는 언덕 아래를 휙 보았다. 소 떼 사이로 빠르게 움직이는 사람의 그림자가 보였다. 조지는 손바닥을 천천히 치우며 속삭였다.

"모두 세 놈이야. 도둑고양이처럼 움직이는 걸로 봐서 소를 훔쳐 가려는 게 분명해."

"그럼 빨리 가서 붙잡아요."

"녀석들이 소를 끌고 가는 현장을 덮쳐야 해."

조지가 말한 순간은 생각보다 빨리 찾아왔다. 세 남자가 소의 목에 밧줄을 걸고 한 마리씩 끌고 가기 시작했던 것이다. 조지와 피추가 박차고 일어나 말에 올라탔다.

"지금이다!"

"가, 같이 가요!"

투두두두두!

갑작스런 말발굽 소리에 놀란 도둑들이 깜짝 놀라 돌아보았다.

"도둑놈들, 딱 걸렸어!"

바람처럼 달려오는 세 사람의 모습을 발견한 도둑들이 소를 묶은 줄을 팽개치고 도망치기 시작했다. 도둑들도 말에 올라타면서 본격적인 추격전이 시작되었다. 쫓는 자들과 쫓기는 자들이 들판을 질주했다. 하늘은 도둑들 편이었다. 갑자기 몰려든 먹장구름에 달빛이 사라지며 도둑들을 놓쳐 버린 것이다.

결국 조지와 친구들은 멈출 수밖에 없었다. 이지가 숨을 헐떡이며 분한 듯이 말했다.

"쳇, 달빛만 사라지지 않았어도 잡을 수 있었는데!"

"걱정하지 마. 도둑들이 어디로 갔는지 알고 있으니까."

"정말이에요?"

어리둥절한 이지를 향해 조지는 설명했다.

"도망친 도둑들 중 한 명의 얼굴을 똑똑히 보았어. 그 새빨간 딸기 코는 페어팩스 대령님의 목장에서 일하는 마크 아저씨가 분명했다고."

피추가 긴장한 얼굴로 말했다.

"페어팩스 대령이면 백인 마을의 실질적 지도자잖아. 대령이 뭐가 아쉬워서 그런 짓을 시켰을까?"

"내 생각에는 마크 아저씨 혼자 꾸민 일 같아."

"흐음……."

피추는 의심을 풀지 않는 눈치였다. 이지가 두 남자를 향해 빠르게 말했다.

"당장 페어팩스 대령에게 가 보자고요. 그럼 모든 진실이 밝혀지지 않겠어요?"

"좋아, 가자."

세 사람은 다시 말을 몰고 페어팩스 대령의 목장으로 향했다.

"우와~ 굉장한 저택이다!"

조지의 저택에 딸린 목장보다 열 배쯤은 더 넓어 보이는 목장을 가로질러 유럽의 고성처럼 웅장한 저택 앞에 선 이지는 입을 쩍 벌렸다. 늦은 시간인지라 수십 개의 창문은 모두 불이 꺼져 있었다. 현관문을 두드리자 흑인 아저씨 한 명이 걸어 나왔다.

"오랜만입니다, 조지 도련님?"

"오랜만에 뵙는군요, 세바스찬 아저씨. 페어팩스 대령님을 좀 만나러 왔습니다만."

"오늘은 시간이 너무 늦었는걸요."

"급한 일이라고 전해 주세요."

조지의 얼굴을 유심히 바라보다가 세바스찬은 돌아섰다.

"잠깐만 기다려 주십시오."

한참 후에 저택의 몇몇 창문에 불이 밝혀졌다. 그리고 강인한 인상의 중년 남자가 세바스찬과 함께 밖으로 나왔다. 잠옷 차림의 남자가 조지 앞에 우뚝 버티고 섰다. 남자의 강렬한 눈빛과 완고한 콧날을 보며 이지는 저도 모르게 긴장했다.

조지가 페어팩스 대령을 향해 머리를 숙였다.

"안녕하셨어요, 대령님?"

그제야 페어팩스 대령이 표정을 풀며 친근하게 웃었다.

"정말 오랜만이구나, 조지. 왜 좀 더 자주 놀러 오지 않았니? 로렌스가 떠나기 전에 널 얼마나 보고 싶어 했는데."

"죄송해요. 앞으론 자주 올게요."

대령은 조지와 인사한 후 미간을 살짝 찌푸리며 피추와 이지를 보았다.

"그런데 이 인디언 아이들은 누구냐?"

자신이 아메리카 인디언이 아니라고 설명하기도 지쳐 이지는 그냥 입을 다물었다. 조지가 피추와 이지를 차례로 소개했다.

"저의 친구들인 피추와 이지입니다. 피추는 체로키 인디언이고, 이지는 다른 나라에서 왔다고 하더군요."

대령이 눈살을 찌푸렸다.

"미안하지만 충고 한 마디 해 줘야겠구나, 조지. 앞으론 어디 가서 인디언과 친구라는 말은 하지 말거라. 너의 장래에 악영향을 끼칠까 걱정이 되는구나."

"무슨 말씀이신지……?"

"요즘 우리 마운트 버논에서 인디언들에 대한 평판이 점점 안 좋아지고 있다는 사실을 알고 있을 거다. 그들은 자신들의 영역을 넘어 공공연히 우리 백인들의 땅을 침범하더니, 마침내 소까지 훔치기 시작했어."

"그건 모함이오!"

분통을 터뜨리는 피추를 손을 뻗어 제지하며 조지가 대령을 똑바로 쳐다보았다.

"죄송하지만 그 말씀은 받아들이기 힘들군요. 아메리카는 원래 인디언들의 땅이었으니까요. 그리고 소를 훔쳐 간 범인은 따로 있습니다. 밤늦게 방문한 것도 그 때문이고요."

"인디언들이 범인이 아니란 말이냐?"

"예."

"어떻게 확신하지?"

"제 눈으로 범인을 목격했으니까요."

"범인이 대체 누군데……?"

이건 위험하다. 대령의 눈빛이 변하는 것을 보고 이지는 위기감을 느꼈다. 하지만 조지는 전혀 의심하지 않고 또박또박 말했다.

"범인은 마크 아저씨예요. 아저씨가 두 명의 일당과 함께 소를 훔쳐 가려 하는 것을 똑똑히 보았습니다."

"으음……."

페어팩스 대령의 입에서 신음이 새어나왔다. 대령은 범인을 알아내서 오히려 걱정하는 눈치였다. 잠시 생각에 잠겨 있던 그가 세바스찬에게 명령했다.

"세바스찬, 가서 마크를 끌고 오도록."

"알겠습니다, 주인님."

세바스찬이 목동들의 숙소를 향해 걸음을 옮겼다.

얼마 지나지 않아 술에 찌든 딸기코 마크가 라이플로 무장한 대여섯 명의 목동들에게 끌려왔다. 마크는 페어팩스 대령 앞에 강제로 무릎이 꿇려졌다.

"왜 이러십니까, 대령님? 저는 잘못한 게 없습니다."

"요즘 공동 방목지에서 연달아 소를 도둑맞았다는 사실을 알고 있겠지? 오늘 드디어 내가 범인을 체포하게 되었군."

"아닙니다! 저는 결백합니다!"

손사래 치는 마크의 미간에 페어팩스 대령이 총을 겨누었다.

"정확히 셋을 세겠다. 그 안에 진실을 고백하지 않으면 앞으로 벌어지는 모든 일은 너의 책임이다. 하나…… 두울……."

숫자를 헤아리는 대령의 눈이 섬뜩했다. 이지는 그가 정말 쏠 수도 있다고 느꼈다. 겁에 질린 이지가 조지의 팔을 꽉 움켜잡았다. 식은땀을 줄줄 흘리던 마크가 참지 못하고 소리를 질렀다.

"제가 훔쳤습니다! 도박 빚을 갚으려면 그 방법 밖에는 없었습니다! 으허엉~"

눈물을 터뜨리는 마크를 보며 이지와 조지는 안도의 한숨을 내쉬었다. 대령이 총을 거두며 명령했다.

"마크를 창고에 가두고 철저히 감시해라."

마크가 두 명의 목동에게 끌려간 후 조지는 존경스런 눈으로 대령을 보았다.

"정말 공정하시군요, 대령님. 이것으로 인디언들과의 오해도 풀리게 되었습니다."

"인디언들과의 오해가 풀리다니? 그게 무슨 소리지?"

"방금 범인이 잡히지 않았습니까?"

의아해 하는 조지의 물음에 페어팩스 대령은 야비하게 웃으며 말했다.

"미안하지만 범인은 잡히지 않았다. 적어도 내일 우리 민병대가 도마뱀 계곡을 지나 체로키 놈들을 쓸어버릴 때까지는."

"지, 지금 무슨 말씀을……?!"

남아 있던 목동들이 충격으로 눈을 부릅뜨는 조지를 향해 총을 겨누었다. 대령은 조지를 향해 히쭉 웃었다.

"우리가 체로키 녀석들을 토벌할 때까지 자네들은 갇혀 있어줘야겠어."

"대령님! 대령님은 정직한 분인 줄 알았어요. 그런데 대체 왜 이러시는 겁니까?"

"조지 3세 국왕 전하에 대한 충성심 때문일세."

"영국 왕에 대한 충성과 인디언들과의 전쟁이 대체 무슨 상관이라고……?"

"국왕 전하께선 우리에게 아메리카를 식민지로 만들라는 신성한 임무를 부여하셨다. 하지만 우리는 아직 임무를 완수하지 못했지."

"……!"

페어팩스 대령이 자신의 얼굴을 가리키자 피추가 꿈틀했다. 페어팩스 대령은 살벌한 적대감을 풍기며 내뱉듯이 말했다.

"저 인디언들을 완전히 몰아내지는 못하지 않았는가? 저들이 차지하고 있는 땅은 조지 3세 전하의 땅이다."

"미쳤군······!"

황당한 표정을 짓는 조지를 가리키며 대령이 명령했다.

"끌고 가라!"

조지와 친구들은 어둑한 창고에 갇혔다. 창고에 갇히자마자 피추는 탈출을 주장했다.

"내일이 되면 우리 마을은 쑥대밭으로 변할 거야. 어떻게든 위험을 알려줘야 해."

하지만 문은 잠겨 있었고, 견고한 창고는 빠져 나갈 구멍 하나 없었다.

쾅! 쾅! 쾅!

"열어! 당장 이 문을 열란 말이다!"

절망한 피추가 주먹으로 문을 마구 두드렸지만 아무 반응도 없었다. 이지가 피추의 팔을 잡으며 눈을 반짝 빛냈다.

"진정해요. 이럴 때일수록 머리를 써야 한다고요."

"머리를 쓰다니?"

이지가 턱을 살짝 들며 짐짓 요염하게 미소 지었다.

"미인계를 쓰는 거예요."

"미인계라고?"

황당한 듯 서로의 얼굴을 보다가 조지와 피추가 푸훗 웃음을 터뜨렸다.

"지금 날 비웃는 거예요?"

"아니야, 아니야."

"지금부터 작전을 알려줄 테니까, 잘 들어요. 내가 일단 배를 부여잡고 쓰러지면……."

"꺄아악-!"

잠시 후, 창고 밖에서 꾸벅꾸벅 졸고 있던 두 목동은 날카로운 비명 소리에 흠칫 깨어났다. 두 사람은 창고 안으로 뛰어들며 라이플을 겨누었다.

"꼼짝 마!"

"무슨 일이야?"

두 사람의 눈에 바닥을 데굴데굴 구르는 이지와 어쩔 줄 몰라 하며 서 있는 조지와 피추의 모습이 보였다.

"으아아! 창자가 끊어질 것처럼 아파요!"

순진하게 생긴 목동이 당황스런 얼굴로 물었다.

"갑자기 배가 왜 아픈데?"

"나도 몰라요. 지난밤부터 살살 아프기 시작하더니, 이젠 못 견딜 지경이 되었어요. 으흐흑~ 제발 의사선생님께 데려다 주세요."

순진한 목동이 다른 목동에게 물었다.

"어, 어떡하지?"

"일단 대령님께 보고부터 해야지."

"하지만 대령님은 인디언들과 싸울 민병대를 모집하러 마을로 향하셨잖아."

"지금 마을로 사람을 보낸다 해도 두 시간은 족히 걸릴 텐데……."

이때 조지와 피추가 고민에 빠진 목동들 쪽으로 살짝 다가섰다.

"움직이지 말랬지!"

"……!"

조지와 피추의 움직임은 곧 들켰지만 이지는 그에 아랑곳하지 않고 다시 비명을 질렀다.

"꺄아아악-!"

이지의 실감나는 연기에 순진한 목동은 결국 이렇게 말하고 말았다.

"일단 방으로 옮긴 후에 약이라도 먹이자. 이러다 정말 사람 잡겠어."

목동들의 부축을 받으며 나가는 이지의 뒷모습을 보며 조지와 피추는 씨익 웃었다. 애초 그들의 목적은 이지를 창고 밖으로 내보내는 것이었다.

"저택을 빠져나가지는 못했을 거야! 빨리 찾아!"

이지는 위협적인 고함 소리를 들으며 저택의 3층 끝 골방에 숨어 있었다. 방금 전에 목동들을 따돌리고 도망쳤지만 너무 일찍 발각되는 바람에 미처 저택을 빠져나가지도 못한 상태였다.

발자국 소리가 멀어지자 이지는 조용히 방문을 열고 나왔다. 까치발을 디디며 복도를 살금살금 걸어갔다.

"분명히 3층에 있을 거야."

"일단 3층의 방들을 하나씩 뒤져보자."

앞쪽의 계단을 밟고 올라오는 목동들의 목소리가 들렸다. 어떡하지? 어떡하지? 당황스런 눈으로 주위를 둘러보다가 이지는 무작정 바로 옆 방문을 열어젖히고 들어갔다.

"……!"

막 샤워를 끝낸 늘씬한 아가씨가 타월로 몸을 감싼 채 이지와 눈이 딱 마주쳤다. 두 사람 모두 딱딱하게 굳어 버렸다. 놀란 와중에도 이지는 방안에 서 있는 여자가 눈이 부실 정도의 미녀라는 생각을 했다. 길고 풍성한 금발과 여름 바다를 연상시키는 파란 눈, 거기에 더해 도도한 콧날과 열정을 머금은 붉은 입술은 같은 여자인 이지조차 두근거리게 만들었다. 마사와 비슷한 또래쯤 될까? 하지만 여자는 마사와는 비교조차 할 수 없는 성숙미를 물씬 풍기고 있었다.

쿵! 쿵!

"셀리 게리 양, 안에 계십니까? 저택 안에 위험인물이 숨어들어 확인 중입니다만."

문을 두드리는 소리에 이지는 흠칫 정신을 차렸다. 셀리 게리라는 이름의 미녀가 이지에 시선을 고정시킨 채 재미있다는 듯이 웃었다.

"네가 저 사람들이 말하는 위험인물?"

어떻게 대답할까 고민하다가 이지는 잡혀도 할 수 없다고 생각하며 고개를 까닥였다.

"호오~ 전혀 그렇게 보이지는 않는데."

셀리가 턱을 어루만지며 이지를 위아래로 훑을 때, 밖에서 다시 고함 소리가 들렸다.

"셀리 양, 실례지만 잠시 문을 열어 주십시오. 반드시 잡아야 하는 녀석입니다."

셀리가 이지 앞으로 다가서며 물었다.

"내 이름은 이미 알았을 테고, 네 이름은 뭐지?"

"이지."

"좋아, 이지. 이번에 내가 널 보호해 주면 너는 나한테 뭘 해 줄래?"

"뭐라고요?"

황당한 표정을 짓는 이지의 콧등을 손가락으로 짚으며 셀리는 속삭였다.

"마음 아프니까 그런 순진한 표정 짓지 말고. 네 나이 정도면 호의에는 반드시 보상이 따른다는 세상의 법칙 정도는 알고 있을 텐데?"

"……"

청순한 미녀에서 갑자기 세상의 모든 비밀을 알고 있는 여자처럼 돌변하는 셀리의 얼굴을 바라보며 이지는 이 여자야말로 위험인물일지 모른다고 생각했다. 셀리가 한쪽 눈을 찡긋하며 재촉했다.

"시간이 없어요, 귀여운 아가씨. 빨리 내게 줄 수 있는 선물을 생각해내는 게 좋을걸."

"다, 당신이 원하는 것이라면 무엇이든지요."

"흐음…… 그건 너무 두루뭉술한 대답인걸. 좋아, 그럼 이렇게 하자."

"뭘…… 어떻게요?"

"나중에 내가 너에게 어떤 부탁을 하면 그것이 무엇이든 한 가지는 반드시 들어주는 거야. 어때, 이 정도는 할 수 있겠지?"

"아, 알았어요."

이지가 마지못해 고개를 끄덕이자 셀리는 옷장을 가리켰다.

"저 안으로 숨도록 해."

이지가 옷장 안으로 숨는 것과 동시에 셀리가 방문을 열었다. 목동 다섯이 라이플을 꼬나 쥐고 살기등등하게 서 있었다. 셀리는 짐짓 겁먹은 얼굴로 물었다.

"어머, 무서워라. 왜 총을 들고 집안을 돌아다니는 거죠?"

"위험인물이 도망쳤기 때문에 잡으려는 겁니다."

"대체 어떤 짓을 저질렀길래요? 혹시 살인?"

"살인보다 더 무서운 짓입니다."

"흐음…… 살인보다 더 무섭다는 말이죠?"

곁눈질로 옷장을 보던 셀리가 목동들을 향해 화려하게 미소를 지었다.

"제 방은 안전하답니다. 그러니 다른 방을 찾아보도록 하세요."

"아, 알겠습니다."

쿵!

셀리가 문을 닫고, 잠금장치까지 겹겹이 채운 후 돌아섰다.

"정말 고마워요. 덕분에 살았어요."

옷장 밖으로 나오며 이지는 안도의 한숨을 쉬었다. 셀리가 그런 이지를 빤히 쳐다보았다.

"왜, 왜 그렇게 쳐다봐요?"

"솔직히 말해 봐. 대체 무슨 짓을 저지른 건데?"

"아무 짓도 안 했거든요."

"살인보다 무서운 짓이라던데."

"휴우, 설마 그 말을 믿는 거예요? 실은 그게 어떻게 된 일이냐면 말이죠……."

이지는 셀리에게 지난밤부터 생긴 일에 대해 설명하기 시작했다. 셀리는 때론 고개를 끄덕이고, 때론 감탄사를 지르며 끝까지 경청했다. 이지의 말이 끝나자마자 셀리는 물었다.

"지금도 창고에는 조지라는 청년과 인디언 청년이 갇혀 있겠네?"

"맞아요."

"두 사람을 풀어 주지 않으면 체로키 인디언들과 전쟁이 벌어진단 말이지?"

"그래요. 조지를 구할 방법이 없을까요?"

"흐음…… 물론 방법은 찾을 수 있을 거야. 하지만 내가 페어팩스 대령님을 배신한다는 건 쉬운 문제가 아니야."

그제야 생각난 듯 이지가 물었다.

"아참, 그런데 셀리는 페어팩스 대령과 대체 어떤 사이예요?"

"나는 대령님의 아들과 약혼한 사이야. 그러니까 대령님은 미래의 시아버지가 되실 분이지."

"……?"

충격을 받은 이지는 멍한 눈으로 생글생글 웃는 셀리의 얼굴을 바라보았다.

"야, 약혼자는 지금 어디에 있는데요?"

"그는 조지 3세 전하에 대한 의무를 다하겠다며 군에 입대해 버렸어. 나는 그동안 페어팩스 대령님 댁에서 지내려고 보름 전쯤 뉴욕에서 이곳으로 달려 왔고."

"하하."

너무 기가 막혀 헛웃음을 흘리는 이지를 향해 셀리가 물었다.

"왜 그렇게 바보처럼 웃어?"

이지가 버럭 소리를 질렀다.

"그걸 몰라서 물어요? 대령의 아들과 약혼한 사이면 진작 그렇다고 얘길 했어야죠! 그럼 당신에게 도움을 청하는 바보짓은 하지 않았을 거 아니에요?"

"나한테 도움을 청하면 왜 안 되는데?"

"대령의 가족인 당신이 우리를 진심으로 도와줄 리 없으니까요."

"천만의 말씀. 나는 대령님의 아들이 내 약혼자라는 사실과 내가 너희를 돕는 문제는 전혀 별개라고 생각해."

"대체 무슨 소리에요?"

"방금 내가 이지 너를 돕기로 결심했다는 뜻이지."

"아얏!"

셀리가 손가락을 튕겨 이지의 코끝을 때렸다.

"자, 그럼 지금부터 작전을 짜 보자."

"정말 우릴 돕겠다고요?"

"응."

"그러다 나중에 대령한테 들키면요?"

"흐음…… 거기까진 생각해 보지 않았는데?"

잠시 고민하는 척하다가 셀리는 대수롭지 않게 말했다.

"어떻게든 되겠지, 뭐. 나중 일은 나중에 고민하자는 게 나의 신조야."

그런 셀리를 지켜보며 이지는 진심으로 헷갈렸다. 보통 사람을 상대하다 보면 그가 착한 사람인지 나쁜 사람인지, 이기적인지 아니면 남을 배려하는지 대충 알아차릴 수 있다. 그런데 셀리는 도무지 종잡을 수가 없었다. 천사와 마녀의 양면성을 지니고 있다고나 할까? 이지는 다만 이런 여자와 적이 되면 굉장히 무서울 것 같다고 생각했을 뿐이다.

5
엇갈리는 사랑

    이지와 셀리는 창고 안에 갇힌 두 사람을 어떻게 구할 수 있을지 머리를 맞대고 고민했다. 페어팩스 대령이 철통같이 지키라고 명령을 내리고 떠났기 때문에 그들을 쉽게 빼내기는 어려울 것 같았다. 그러는 사이 어느새 날이 완전히 밝아 창문으로 밝은 빛이 새어 들어왔다. 멍하니 그 빛을 바라보던 이지는 순간적으로 배가 고프다는 생각을 했다. 아침을 먹을 때가 되기도 했거니와 지난 밤 들판에서 저녁을 먹은 후 도둑들을 쫓고, 이 저택에 와서는 또 목동들에게서 달아나느라 몸도 지치고 배도 고팠던 것이다.

    '으이구, 윤이지. 조지와 피추를 구하지도 못했으면서 배는 고프니?'

    이지는 정신을 차리고 얼른 방법을 생각해 내려 머리를 쥐어짰지만 그럴수록 배만 더 고파 왔다.

꼬르륵.

결국 밥 달라고 보내는 신호에 이지는 얼굴을 붉히고야 말았다.

"풋. 배고프구나, 너?"

"아니, 그게……."

창피한 듯 쭈뼛거리는 이지를 보던 셀리는 무슨 생각이 들었는지 눈을 크게 뜨더니 손뼉을 쳤다.

"그래! 좋은 생각이 났어!"

아침 햇살이 비추는 마당을 가로질러 셀리는 조지와 피추가 갇혀 있다는 창고로 향했다. 그녀의 바로 뒤에는 파자마 모자를 푹 눌러써 얼굴을 가린 이지가 팔에 피크닉 바구니를 건 채 따르고 있었다. 목동들이 셀리를 알아 보고 인사를 건넸다.

"안녕하세요, 셀리 양?"

"이곳까진 어쩐 일이십니까?"

셀리가 예쁘게 미소를 지었다.

"창고에 갇혀 있는 사람이 있다고 들었어요. 그들에게 음식을 좀 주려고 왔답니다."

그 미소에 반쯤 넋이 나간 목동들은 정신없이 고개를 끄덕였다.

"아하~ 그러시군요."

"셀리 양은 마음씨도 고우시지."

"창고 문을 열어 주실까요?"

"알겠습니다, 셀리 양."

덜컹!

자물쇠가 열리자 셀리가 의미심장한 미소를 지은 후 이지를 돌아보며 말했다.

"이지야, 여기 고생하시는 두 분께도 음식을 좀 나눠 드리렴."

"예, 아가씨."

금방이라도 갓 구운 따듯한 빵을 꺼낼 것처럼 바구니 안으로 손을 집어 넣는 이지를 보며 목동들이 손사래를 쳤다.

"저희들은 괜찮습니다."

"신경 쓰지 않으셔도 됩니다."

하지만 바구니에서 빠져 나오는 이지의 손에 들린 것은 음식이 아니었다. 목동들은 피스톨을 발견하고 얼굴이 사색이 되었다.

"셀리 양, 대체 왜 이러십니까?"

이지가 피스톨을 겨누고 있는 사이 셀리가 생글생글 웃으며 목동들의 라이플을 차례로 빼앗았다.

"미안하지만 얌전히 창고 안으로 들어가 주세요."

"셀리 양, 이러시면 곤란합니다. 이 일을 대령님이 아시면 굉장히 화를 내실 텐데요?"

"그건 내가 걱정할 테니, 여러분은 스스로를 걱정하세요."

셀리는 목동들을 앞세우고 창고 안으로 들었갔다.

창고 안에 갇혀 있던 조지와 피추가 이지와 셀리를 반갑게 맞이했다.

"이지, 성공했구나!"
이지는 피스톨로 목동들을 겨눈 채 자랑스럽게 말했다.
"헤헤~ 내가 할 수 있다고 했잖아요."
"이지는 정말 굉장해."
엄지를 치켜세우는 조지 앞으로 셀리가 불쑥 나섰다.
"안녕하세요, 조지? 나는 이지의 친구 셀리라고 해요."
"……?"
그제야 조지가 눈을 크게 뜨고 셀리의 얼굴을 바라보았다. 셀

리도 조지의 얼굴을 보았다. 두 사람은 묘한 분위기를 연출하며 한동안 서로의 얼굴을 뚫어져라 응시하고 있었다. 불안해진 이지가 두 사람 사이로 억지로 끼어들었다.
"이쪽은 셀리라고 해요. 페어팩스 대령의 아들과 약혼한 사이지만 우리를 기꺼이 도와주겠다고 했어요."
"대령의 아들과 약혼한 사이라고……?"

조지의 얼굴이 실망으로 굳어지는 것을 이지는 똑똑히 보았다. 셀리의 얼굴에도 짙은 아쉬움이 스치고 지나갔다. 어이~ 정신들 차려. 설마 첫눈에 반했다고 말하고 싶은 건 아니겠지? 만약 그렇다고 해도 두 사람은 어차피 맺어질 수 없는 사이라고. 셀리는 약혼한 상태고, 조지는 이제 곧 페어팩스 대령과 원수가 될 테니까.

"……."

하지만 이지의 바람과는 상관없이 두 사람의 눈은 서로를 찾고 있었다. 둘의 시선이 허공에서 얽히며 불꽃이라도 튀길 것 같았다. 이지는 부러 크게 헛기침을 했다.

"으험~ 험~ 우리도 빨리 도마뱀 계곡으로 가 봐야 하는 거 아니에요? 대령이 벌써 민병대를 이끌고 떠났을 거라고요."

"아차, 그렇구나!"

그제야 조지가 정신을 차렸다. 그리고 피추와 함께 바람처럼 창고를 달려 나갔다. 이지와 셀리도 두 남자를 쫓아갔다.

저기요, 셀리 양은 이쯤에서 빠져줘도 괜찮거든요. 이지의 마음과는 상관없이 셀리는 말을 타고 끝까지 쫓아왔다.

페어팩스 대령의 기습 작전은 성공적이었다. 그가 이끄는 백여 명의 민병대는 거의 아무런 저항 없이 도마뱀 계곡을 통과했다. 다음은 바로 체로키 인디언들의 마을이었다.

"부대, 돌격 앞으로!"

피스톨을 뽑아 들고 외치는 페어팩스 대령을 따라 백여 명의 민병대가 말을 타고 당당하게 돌격했다. 체로키 인디언들도 추장을 중심으로 급히 전열을 가다듬고 마주 달려 나왔다. 마을 앞 널찍한 초원에서 일렬횡대로 늘어선 양측 부대가 서로를 향해 무섭게 돌진했다. 이제 백인과 인디언들 간의 피를 부르는 전투는 피할 수 없는 것처럼 보였다.

"스톱! 정지! 양쪽 다 멈추세요!"

갑작스런 고함소리와 함께 조지가 전속력으로 말을 몰며 양측 사이로 달려들어 온 것은 바로 그때였다. 이 무모하고도 대담한 등장에 백인들과 인디언들이 조지를 가운데 두고 일제히 멈춰 섰다. 흙먼지가 자욱이 날리는 가운데 백인들과 인디언들이 눈을 동그랗게 뜨고 팔을 번쩍 쳐든 조지를 멍하니 바라보았다.

대령이 조지를 향해 불쾌한 듯 고함쳤다.

"조지, 무슨 짓이냐? 너 하나 때문에 인디언 토벌 작전이 엉망진창이 되고 있다!"

조지가 대령을 똑바로 쳐다보며 말했다.

"이 토벌 작전은 왜 시작되었나요?"

"그, 그야 인디언들이 우리들의 소를 훔쳤기 때문에……."

"그게 새빨간 거짓말이란 건 대령님이 더 잘 아실 텐데요?"

"글쎄다……. 나는 네가 무슨 말을 하는지 통 모르겠구나."

조지가 페어팩스 대령 근처에서 말을 타고 있는 딸기코 마크를 가리키며 소리쳤다. 어젯밤 대령의 명령으로 창고에 갇혔던 마크가 어찌 된 일인지 멀쩡하게 이 자리에 있었다.

"소를 훔친 범인은 인디언들이 아니라 마크 아저씨였어요! 마크 아저씨가 어젯밤 대령님과 내 앞에서 도박 빚 때문에 소를 훔쳤다고 자백했잖습니까?"

"으음……."

페어팩스 대령은 입술을 지그시 깨문 채 조지를 쏘아보았다. 조지가 설득조로 말했다.

"지금이라도 체로키족에게 사과하고 민병대를 데리고 철수하세요. 그럼 의미 없이 피를 흘리지 않아도 됩니다."

대령이 비웃음을 흘렸다.

"이보게, 마크."

"예, 대령님."

"자네 혹시 공동 방목지에서 소를 훔친 적이 있던가?"

"예?"

"소를 훔친 적이 있느냐고 물었어."

그제야 대령의 의도를 알아차린 마크가 씨익 웃었다.

"하늘에 맹세코 그런 적 없습니다."

"저렇게 뻔뻔할 수가……!"

조지의 얼굴이 분노로 일그러졌다. 하지만 페어팩스 대령과 마크가 저렇게 나오면 진실을 밝힐 방법이 없었다. 대령은 오히려 조지를 협박하기까지 했다.

"썩 물러서라, 조지. 계속 방해하면 너라도 용서하지 않을 것이다."

"당장 죽는다 해도 그럴 수는 없습니다."

단호한 조지의 얼굴을 가리키며 페어팩스 대령이 명령했다.

"부대, 진격한다!"

앞에 선 조지를 무시한 채 그대로 진격하라는 명령에 민병대가 앞으로 하나둘 나서는 순간, 여자의 날카로운 목소리가 울려 퍼졌다.

"인디언들이 소를 훔친 범인이 아니라는 조지의 말은 틀림없는 사실이에요!"

모든 백인들과 인디언들이 소리 나는 쪽을 돌아보았다. 양측이 대치하고 있는 사이로 말을 몰고 천천히 걸어 들어오는 셸리와 이지, 피추의 모습이 보였다. 셸리를 발견한 페어팩스 대령의 표정이 일그러졌다.

"셸리, 네가 어쩐 일이냐?"

이지, 피추와 함께 조지의 옆으로 서며 셸리가 페어팩스 대령을 똑바로 쳐다보았다.

"포기하세요. 저는 대령님이 마크가 진범이란 사실을 감추고 있다는 걸 알고 있어요."

"셸리 네가 어떻게 나한테 이럴 수가……?"

셸리의 폭로에 페어팩스 대령은 큰 충격을 받은 것 같았다. 그리고 이 충격은 그가 데려온 민병대에게 고스란히 전해졌다.

"저 아가씨는 대령님의 아들과 약혼한 셀리잖아."

"셀리가 저렇게 말하는 걸 보면 범인은 마크가 틀림없어."

"쳇, 그런데 왜 우리가 목숨을 걸고 싸워야 하지?"

민병대는 빨리 집으로 돌아가고 싶은 기색이 역력했다. 이 틈을 놓치지 않고 조지가 페어팩스 대령의 옆에 선 보안관을 향해 말했다.

"그레이 보안관님, 범인을 체포해서 그만 마을로 돌아가시죠?"

"그, 그래야겠지?"

보안관은 페어팩스 대령의 눈치를 살피며 대답했다. 대령이 무서운 눈으로 조지와 나란히 서 있는 셀리를 쏘아보았다. 셀리는 여유로운 미소를 머금은 채 그의 눈빛을 담담히 받아냈다. 정말 대단한 아가씨라니까. 이지는 설레설레 고개를 흔들었다. 마침내 페어팩스 대령이 천천히 말머리를 돌렸다. 그리고 도마뱀 계곡을 향해 혼자 달려갔다. 보안관과 민병대원들도 곧 그를 따라 사라졌다.

피추가 조지에게 다가와 악수를 청했다.

"조지, 고마워. 너 아니었으면 오늘 우리 부족은 어떻게 되었을지도 몰라."

"친구를 위해서 할 일을 했을 뿐이야."

피추와 손을 맞잡은 조지를 이지가 걱정스럽게 쳐다보았다.

"이번엔 운이 좋았지만 사실 너무 위험했어요. 조지는 자신이 옳다고 생각하면 물불 안 가리고 뛰어드는 그 성격부터 고쳐야 해요."

"흐음…… 그건 이지의 생각이 맞을지도."

조지 워싱턴과 마사 커티스

셀리도 거들었지만 조지는 고개를 저었다.

"사람은 누구나 옳고 그름을 판단할 수 있어. 옳지 못한 일을 보고도 외면한다면 세상은 조금도 나아지지 않을 거야. 내가 살고 있는 세상이 조금이라도 나은 모습이 되게 하려는 노력. 나는 이것이야말로 우리가 지켜야 할 최소한의 의무라고 생각해."

"후우~"

말이 통하지 않는다고 생각하며 이지는 한숨을 내쉬었다. 하지만 앞뒤로 꽉 막힌 고집쟁이 조지가 싫지만은 않았다. 저런 고집쟁이들 덕분에 세상은 조금씩 더 살 만해지는 것이다. 이지와 함께 셀리도 뿌듯한 시선으로 조지의 얼굴을 바라보고 있었다.

"셀리 양이······."

"셀리 양이 아니었으면······."

"셀리 양이 말하기를······."

그날 저녁 집으로 돌아온 조지는 식탁에 멍하니 앉아 있는 어머니를 향해 셀리에 대한 이야기보따리를 풀어 놓고 있었다. 이지가 보기에도 평소 과묵한 그답지 않은 행동이었다.

사랑은 사람을 바보로 만든다더니. 이지가 조지를 못마땅한 듯 흘겨보는 것은 질투심 때문만은 아니었다. 페어팩스 대령의 집에 있기 불편해져서 호텔로 간 셀리의 짐을 옮겨 주느라 집에 늦게 도착한 조지를 대신해 저녁 식사를 준비한 마사가 이 자리에 함께 있었기 때문이었다.

 마사는 어떻게든 마음을 들키지 않으려고 애써 미소를 짓고 있었지만 이지의 눈에는 그녀의 눈물이 보이는 듯했다. 실연당한 사람의 친구는 오직 실연당한 사람뿐이라고 하지 않았던가. 계속 떠들어대는 조지가 너무 얄미워 이지는 그의 발등을 힘껏 밟아 버렸다.

 "아얏!"

 "어머, 미안해라."

 "괜찮아, 괜찮아. 그보다 이지, 나는 결심했어."

 "또 뭘요?"

 "날이 밝는 대로 셀리 양에게 청혼할 생각이야."

 쨍강!

 놀란 마사가 접시를 떨어뜨리고 말았다. 그녀의 얼굴은 백짓장처럼 창백했다. 마사는 애써 눈물을 참으려고 입술을 꼭 깨물며 중얼거렸다.

 "미, 미안해요. 정말 미안해요."

 이지가 마사를 부드럽게 안아주며 등을 쓸어주었다.

 "괜찮아요. 당신 잘못이 아니에요."

 "흐흑~ 울지 마, 마사."

 이지의 품에 안겨 흐느끼는 마사를 보며 메리 여사는 영문도 모른 채 훌쩍이기 시작했다. 조지만이 이해할 수 없다는 표정으로 세 여자를 번갈아 바라보았다.

다음 날 아침, 조지는 이지의 방문을 두드렸다. 아직 화가 풀리지 않은 이지가 뿌루퉁한 얼굴로 문을 열어주었다.

"이지, 나와 함께 마운트 버논의 호텔에 가 주지 않겠어? 셀리 양에게 혼자 고백하려니까 너무 떨려서 말이야."

어디서 빌려 입었는지 너무 작은 턱시도를 억지로 꿰어 입고 꽃다발을 든 채 땀을 줄줄 흘리는 조지를 보며 이지는 한숨을 푹 쉬었다. 그래, 사랑에 빠지는 건 잘못이 아니지. 마사가 불쌍하긴 하지만 조지의 마음이 셀리에게로 흐르는 걸 어쩌겠어? 그건 마치 자신이 모든 면에서 편안한 필립보다 주노에게 마음이 향하는 것과 비슷한 이치라고 생각하며 이지는 고개를 끄덕였다.

끊임없이 지나가는 소 떼가 일으킨 흙먼지 때문에 대낮의 마운트 버논은 안개가 낀 듯이 시야가 뿌옜다. 지독한 흙먼지를 뚫고 조지와 이지는 마을에서 단 하나뿐인 호텔로 향했다. 그것은 호텔이라고 부르기에도 민망한 건물이었다. 2층짜리 낡은 목조건물 상단에 -HOTEL- 이라 쓰인 녹슨 간판이 바람에 삐걱대고 있었다.

"셀리 양, 제가 왔습니다!"

씩씩하게 셀리의 방문을 열고 들어가던 조지가 우뚝 멈춰 섰다. 뒤따라 들어가던 이지도 움찔했다. 햇살이 은은히 비추는 방안에서 셀리가 영국군 장교 차림의 웬 낯선 청년과 뜨겁게 키스를 하고 있었던 것이다. 두 사람이 어찌나 격렬한지 보고 있는 이지의 볼이 홍당무처럼 변했다.

  한참만에야 두 사람은 떨어졌다. 그제야 셀리가 조지와 이지를 발견하고 반가운 척했다.

  "어머~ 두 사람이 나란히 웬일이에요?"

  이지가 조지를 힐끗 보았다. 조지는 식은땀을 줄줄 흘리며 더듬거렸다.

  "그러니까 그게 저…… 저어……."

  으이그~ 잘하면 눈물이라도 터뜨리겠군. 조지를 대신해서 이지가 둘러댔다.

  "실은 근처에 볼 일이 있어서 나왔다가 들렀어요. 셀리 혼자 심심하지 않을까 해서요."

  이지는 깨끗한 군복을 입은 청년에게 시선을 옮겼다.

  "생각보다 외로워 보이지는 않는군요."

  셀리가 청년을 소개했다.

  "이쪽은 페어팩스 대령님의 아들인 윌리엄이야. 우리는 올 가을에 결혼식을 올리기로 했거든. 그래서 그가 영국에서 돌아왔지."

  "하지만……."

  조지가 할 말이 있는 듯 입을 달싹였다. 셀리도, 윌리엄도 조지의 입을 보았다. 하지만 그의 입에서는 더 이상 어떤 말도 나오지 않았다. 이지는 입을 살짝 벌린 채 굳어 있는 조지의 옆얼굴을 보았다.

  셀리 당신은 페어팩스 대령과 원수가 되었잖아요? 그리고 당신은 바로 어제 내가 청혼하면 받아줄 것 같은 뉘앙스를 풍겼잖아요? 아마도 조지는 이런 질문을 던지고 싶었을 것이다. 하지만 이지는 모두 부질없는 짓이라고 생각했다. 조세핀이나 셀리 같은 여자의 마음은 수시로 변하고, 남자들은 아무리 노력해도 그 속도를 따라잡을 수가 없는 것이다.

"방해하지 말고 그만 가요."

"……!"

이지가 옆구리를 쿡 찌르자 조지는 그제야 흠칫 정신을 차렸다.

"그, 그래. 이제 그만 가야지."

어깨를 축 늘어뜨리고 조지가 돌아섰다. 이지는 그의 뒤를 따라가며 셀리를 힐끗 돌아보았다. 셀리는 조지의 마음을 알고 있으면서 생글생글 웃는 얼굴이었다. 그래, 나는 당신이 그런 여자인 줄 알고 있었어. 당신 같은 여자에게 다른 사람의 마음 따윈 중요하지 않지. 당신에게 중요한 것은 오직 당신 자신뿐이야. 어쩌면 당신과 연결되지 않은 것이 조지에겐 행운일지도.

풀썩!

조지의 손에서 꽃다발이 떨어졌다. 화려한 장미는 곧 흙투성이가 되고 말았다. 먼지가 흩날리는 길 한복판에 서서 조지는 멍하니 발밑의 꽃을 내려다보고 있었다. 그런 조지의 등을 바라보며 이지는 아무 말도 하지 않았다. 이럴 때는 침묵만이 최대한의 배려이므로.

조지가 나직이 불렀다.

"이지."

"예?"

"혹시 마사에 대해 어떻게 생각해?"

"당연히 좋은 여자죠. 착하고, 순수하고, 무엇보다 거짓이 없어요. 솔직히 미모는 살짝 부족할지 모르지만 그런 아가씨와 결혼하는 남자는 분명 행운아일 거예요."

"이지도 그렇게 생각하는구나?"

자신을 향해 스윽 돌아서는 조지의 얼굴을 보고 이지는 흠칫 놀랐다. 조지의 눈에 어른거리는 복수심을 읽었기 때문이다.

"당신, 설마…… 설마……?"

"그래, 나는 마사에게 청혼할 생각이야."

"당신 미쳤어요!"

이지가 저도 모르게 빽 소리를 질렀다. 하지만 조지는 꿈쩍도 하지 않았다.

"아니, 나는 멀쩡해."

"한 여자한테 배신당한 복수심 때문에 다른 여자에게 청혼한다는 게 말이 돼요? 마사가 왜 당신과 셀리 때문에 평생 지워지지 않을 상처를 입어야 하죠? 그건 너무 불공평하다고 생각하지 않나요?"

"생각해 보니 나도 마사를 좋아하고 있었어. 그래서 청혼하려는 것뿐이야."

이지는 실망감을 감추지 못하고 말했다.

"옳지 못한 일을 보고도 외면한다면 세상은 조금도 나아지지 않을 거라고 말한 사람은 어디로 갔죠?"

"……!"

"당신은 지금 옳지 못한 일을 하려고 해요. 스스로의 잘못을 외면하지 말아요."

"으음……."

잠시 고민하던 조지는 훌쩍 말에 올라탔다. 그리고 흙먼지를 일으키며 어디론가 달려갔다. 이지도 서둘러 그를 쫓았지만 이미 저만치 달아나 버린 조지를 붙잡을 수는 없었다.

"조지! 조지! 기다려 봐요!"

이지가 마사의 집에 도착했을 때는 이미 서쪽 하늘이 붉게 물들어 있었다.

"마사, 혹시 조지가 왔었나요?"

급히 문을 열고 들어가다가 이지는 멈칫했다. 좁은 통나무집 한복판에 감격스런 표정으로 서 있는 마사와 그 앞에 무릎을 꿇은 조지를 발견했기 때문이다. 딱 봐도 방금 무슨 일이 일어났는지 알 것 같아 이지는 두 사람을 향해 걸어가며 황당한 듯 웃었다.

"하하…… 아니죠? 그런 거 아니죠?"

얼굴이 붉게 상기된 마사가 이지를 돌아보며 세상에서 가장 행복한 사람처럼 미소 지었다.

"이지, 조지가 내게 청혼했어요. 난 정말이지 너무 기뻐서 참을 수가 없어요."

"하아~"

이지는 땅이 꺼져라 한숨을 쉬었다. 그리고 조지의 등을 다짜고짜 문 쪽으로 떠밀었다.

"여자끼리 할 말이 있으니 나가 있어요."

쿠웅!

조지가 나간 후 이지가 거칠게 문을 닫았다. 성난 얼굴로 돌아서는 이지를 향해 마사가 불안한 듯 물었다.

"왜 그래요, 이지? 조지한테 화나는 일이라도 있어요?"

"아뇨. 나는 마사한테 화가 났어요."

"내가 뭘 어쨌다고……?"

당황하는 마사의 눈을 똑바로 보며 이지는 말했다.

"대체 왜 조지의 청혼을 받아들였죠?"

"그, 그야 조지를 사랑하기 때문에……?"

"마사가 조지를 사랑한다는 건 이미 알아요. 그럼 조지도 진심으로 당신을 사랑하나요?"

"……!"

그제야 마사가 입을 다물었다. 마사의 얼굴이 슬픔으로 일그러지는 것을 이지는 똑똑히 지켜보았다. 잠시 후, 이지는 안타까운 마음을 감추지 못하고 설득조로 말했다.

"이쯤에서 그만둬요, 마사. 조지는 셀리에게 거절당한 분풀이로 당신에게 청혼한 거예요. 조지의 마음이 없는데, 당신이 행복할 수 있을 것 같아요? 이 결혼은 절대 해피 엔딩이 될 수 없어요."

마사가 입술을 파르르 떨며 이지의 얼굴을 바라보았다. 한참만에야 마사가 말했다.

"그래도 나는 조지의 청혼을 받아들일 거예요."

"마사……?"

"나는 그를 위해 헌신할 거예요. 그럼 그도 언젠가는 셀리가 아닌 나를 사랑해 주겠지요."

이지는 마사를 측은하게 바라보았다. 사랑을 간절히 원하는 한 여자가 눈앞에 있었다. 이지도 그 간절함에 대해 잘 알고 있었다. 간절함이 너무 크기 때문에 때로는 모든 것을 희생하더라도 사랑을 차지하고 싶은 욕심이 생기는 것이다. 하지만 그런 식으로는 절대 행복해질 수 없다는 사실을 주노를 통해 이미 배우지 않았는가.

"그만둬요, 마사. 그렇게 얻은 사랑은 결코 당신의 것이 될 수 없어요. 왜 불행해지는 길로 스스로 들어가려고 해요?"

이지가 진심으로 설득했지만 마사는 끝내 고개를 가로저었다.

며칠 후, 청명한 초여름 오후에 마운트 버논 교회에서 조지와 마사의 조촐한 결혼식이 열렸다. 하객은 이지와 우울증을 앓고 있는 메리 볼 여사 그리고 피추를 비롯한 몇몇의 체로키 인디언들이 전부였다. 마운트 버논에서 막대한 영향력을 가진 페어팩스 대령과 사이가 틀어진 조지의 결혼식에 마을 사람들 대부분은 참석하지 않았다. 페어팩스 대령의 사위이자 조지의 이복형인 로렌스는 무역을 위해 영국에 머물고 있었다.

"마사, 당신은 조지 워싱턴을 신랑으로 맞아 평생 존경하고 사랑하겠습니까?"

목사님이 나란히 서 있는 신랑신부를 향해 엄숙히 물었다.

"예, 저는 오직 조지만을 존경하고 사랑하겠습니다."

목사님이 이번엔 조지에게 물었다.

"조지, 당신은 마사 커티스를 신부로 맞아 평생 보살피고 사랑하겠습니까?"

"……."

조지는 선뜻 대답하지 못했다. 그의 눈동자는 불안하게 흔들리고 있었다. 이지는 심장이 덜컥 내려앉는 기분이었다.

자신 없으면 지금이라도 관둬요. 그게 두 사람을 위하는 길이에요. 이지는 이렇게 소리치고 싶은 것을 꾹 눌러 참았다.

조지가 대답하지 않자 당황한 목사님이 조금 더 큰 소리로 물었다.

"조지, 당신은 마사 커티스를 아내로 맞아 사랑할 준비가 되어 있습니까?"

"……예, 저는 마사 커티스를 평생 보살피고 사랑하겠습니다."

엇갈리는 사랑

조지가 간신히 대답하자 목사님은 서둘러 선언했다.

"이것으로 조지 워싱턴과 마사 커티스가 부부가 되었음을 엄숙히 선언합니다."

결혼식이 끝나고 신랑과 신부가 팔짱을 낀 채 교회 밖으로 나왔다. 그런데 교회 밖에는 뜻밖에도 셀리가 서 있는 것이 아닌가. 셀리가 조지와 마사를 향해 씁쓸히 미소를 지었다.

"두 사람이 결혼한다는 소식을 오늘 아침에서야 들었어요. 아무래도 내가 너무 늦게 도착한 것 같군요."

마사 옆에서 이지가 셀리를 잡아먹을 듯 째려보았다. 듣기에 따라서는 둘의 결혼식을 말리러 달려왔다고 들린 것이다. 이지의 눈빛을 받은 셀리가 신랑과 신부를 향해 간신히 축하를 건넸다.

"두 분의 결혼, 진심으로 축하해요."

"고마워요."

어색하게 웃는 마사의 옆에서 이지가 따지듯 물었다.

"그런데 무슨 일로 여기까지 왔죠? 설마 축하해 주기 위해 일부러 온 것은 아닐 테고……."

"……."

입술을 깨물고 망설이던 셀리가 조지를 향해 결심한 듯 말했다.

"실은 나 윌리엄과 파혼했어요. 그래서 지금 너무 혼란스럽고 힘들어요. 조지, 괜찮다면 잠시만 얘기를 나눌 수 있을까요?"

"아아…… 그게 말이죠……."

조지는 당혹해 하며 마사를 돌아보았다. 셀리가 등장한 시점부터 이미 마사의 얼굴에는 불안감이 가득했다. 이지가 그녀를 대신해서 셀리에게 따졌다.

"방금 결혼한 신부에게서 신랑을 빼앗아 가겠다는 거예요?"

"너무 그러지 마, 이지. 나는 위로받을 친구가 필요할 뿐이라고."

"조지 말고 다른 친구를 찾아요. 오늘 그는 마사의 곁에 있어야만 해요."

"알았어. 네 말이 옳아."

셀리가 고개를 푹 떨구며 돌아섰다. 하지만 조지가 그녀의 어깨를 붙잡았다. 놀라 돌아보는 셀리에게 그는 말했다.

"잠깐 얘기를 나눕시다. 당신 말대로 우린 친구니까."

"말도 안 돼요!"

이지가 소리쳤지만 조지는 깨끗이 무시하고 마사를 향해 말했다.

"미안해, 마사. 날이 저물기 전에는 돌아올 수 있을 거야."

마사는 조지의 얼굴을 멍하니 바라보았다. 싫다고 해요, 마사. 지금 나를 떠나면 영영 얼굴을 보지 않겠다고 소리쳐요. 이지는 양 주먹을 꽉 움켜쥔 채 마음속으로 마사를 응원했다. 하지만 그녀는 힘없이 미소 지으며 이렇게 말하고 말았다.

"난 괜찮으니까 신경 쓰지 말고 다녀와요."

"고마워. 당신은 역시 너그러운 여자야."

허락을 받자마자 조지는 셀리와 함께 말을 타고 어디론가 달려가 버렸다. 이지는 마사를 홱 째려보며 한바탕 퍼부으려다가 그만 입을 다물고 말았다. 마사의 눈에서 눈물 한 방울이 주르륵 흐르는 것을 발견했기 때문이다.

조지와 셸리는 나란히 말을 몰고 초원 멀리까지 나갔다. 한참을 쉬지 않고 달리던 두 사람이 말을 세웠다. 셸리와 조지가 말에서 구르듯 내려왔다. 그리고 마주서서 한동안 서로의 얼굴을 뚫어져라 응시했다.
 셸리가 아쉬움이 가득 베인 목소리로 말했다.
 "당신이 이렇게 급히 결혼할 줄은 몰랐어요."
 "나는 당신이 윌리엄과 결혼하는 줄만 알았소. 그래서 마사에게 청혼을……."
 셸리는 질투심을 누르며 억지로 웃었다.
 "두 사람 정말 잘 어울리더군요."
 "내가 누굴 진심으로 좋아하는지 알잖소?"
 "그럼 나와 함께 보스턴으로 떠나요."
 "보스턴이라면……?"
 "조지는 영국군에서 장교로 복무했었다고 했죠? 지금 본국과 식민지 사이에 전운이 감돈다는 사실을 알고 있을 거예요."
 "물론이오."
 고개를 끄덕이며 조지는 최악의 상태에 빠져 있는 영국과 아메리카 식민지의 현실에 대해 생각해 보았다.

아메리카가 영국의 식민지가 된 이후, 이주민들과 본국은 좋은 관계를 유지해 왔다. 하지만 프랑스와의 전쟁 등으로 재정이 악화되자 본국은 식민지에 점점 더 무거운 세금을 부과하기 시작했다.

영국 국왕 조지 3세의 무리한 요구가 계속되고, 식민지 국민들은 조금씩 반발하기 시작했다. 특히 식민지에서 가장 발달한 동부 해안의 보스턴은 독립운동의 중심지였다. 원래 무역 도시인 보스턴의 상인들은 대서양의 무역을 장악하기 위해 영국 선박 및 상인들과 오랫동안 경쟁을 벌여 왔다. 당연히 조지 3세는 보스턴의 상인들에게 점점 더 많은 세금을 부과했고, 보스턴 사람들의 불만은 쌓일 대로 쌓여 독립운동으로 연결되었던 것이다.

독립을 요구하는 보스턴 시민들의 요구가 거세지자 조지 3세는 1768년에 도시를 통제하기 위해 군대를 파견했다. 이후 2년 동안 보스턴 사람들은 자신들의 도시에 주둔한 영국군을 증오해 왔다. 그리고 1770년, 마침내 사고가 터지고 말았다.

올해 2월, 영국군의 실수로 한 소년이 사망하는 사건이 일어난 것이다. 이 사건은 보스턴 시민들의 분노에 기름을 끼얹어 시민들과 영국군이 충돌하기에 이르렀다. 여러 번 경고했음에도 불구하고 시민들이 점점 더 많이 몰려들자 군인들은 결국 발포했고, 이 총격으로 시민 다섯이 목숨을 잃고 보스턴은 언제 폭발할지 모르는 화약고가 되어 버렸다.

골똘히 생각에 잠겨 있는 조지를 향해 셀리가 말했다.

"페어팩스 대령님이 보스턴 주둔 영국군 부사령관으로 임명되었어요. 그리고 나는 영국군을 위한 첩보 임무를 맡았죠. 그러니까 당신도 우리와 함께 보스턴으로 가서 반란군에 맞서 싸우자는 말이에요."

"하지만 당신은 윌리엄과 파혼했다고 하지 않았소?"

"내가 윌리엄과 파혼한 이유는 당신을 잊을 수 없었기 때문이에요. 페어팩스 대령님과 내가 국왕에 대한 충성심으로 뭉친 것과는 전혀 별개의 문제라는 뜻이죠. 그러니까 조지, 당신도 나와 함께 떠나요."

조지는 셀리가 내민 손을 혼란스런 눈으로 내려다보았다. 셀리의 하얀 손은 분명 유혹적이었다. 조지는 진심으로 그녀의 손을 잡고 떠나고 싶었다. 그가 만약 무책임한 남자였다면 분명 그리했을 것이다. 하지만 그는 책임감이 강한 남자였다. 자신이 벌인 일에 대해선 늘 스스로 책임지며 살아온 것이다.

'복수심 때문에 다른 사람까지 불행하게 만들지 말아요.'

문득 자신을 말리던 이지의 얼굴이 떠올랐다. 그때 이지의 말을 들었더라면. 하지만 이미 때늦은 후회였다. 눈을 반짝이며 자신의 얼굴을 바라보는 셀리를 향해 조지는 천천히 고개를 가로저었다.

"나는 갈 수가 없소."

"어째서요?"

실망으로 표정을 굳히며 셀리가 물었다.

"어쨌든 나는 마샤와 결혼한 몸이오. 내가 당신과 떠난다면 그녀는 평생 불행할 거요."

"하지만 당신은 그녀를 사랑하지 않잖아요."

"사랑하지 않는다고 의무까지 사라지는 것은 아니오."

"아아…… 당신이란 남자는 정말이지……."

고개를 설레설레 흔들던 셀리가 미련을 버리지 못한 듯이 말했다.

"정 그렇다면 나 먼저 보스턴으로 가 있겠어요. 마음이 바뀌면 언제든 소식을 전해요."

"그렇게 하리다."

어디선가 바람 한 줄기가 불어 오자 풀밭이 쏴아아 흔들렸다. 흔들리는 풀밭 한가운데 서서 조지와 셀리는 한동안 서로의 얼굴을 응시하고 있었다. 셀리는 미련을 떨치듯 돌아섰다.

"언제까지나 당신을 기다리고 있겠어요!"

조지를 향해 팔을 한 번 흔든 후 셀리는 말을 몰고 달려갔다. 바람이 불어오는 지평선을 향해 멀어지는 셀리의 뒷모습을 조지는 언제까지나 지켜보며 서 있었다.

노을이 저물 때까지 조지는 돌아오지 않았다. 램프에 불도 밝히지 않은 채 마사는 일 층 소파에 우두커니 앉아 있었다. 이지는 맞은편에 앉아 어둠과 절망에 물들어 가는 그녀의 얼굴을 조용히 보고 있었다.

"이지."

"예…… 예?"

"내가 잘못한 걸까요?"

"무슨……?"

"조지를 보내준 거 말이에요. 내가 어리석었던 걸까요?"

"후우."

이지는 한숨으로 대답을 대신했다.

"보내지 않을 수 없었어요. 그때 보내지 않으면 조지가 영영 내 곁을 떠날 것만 같았거든요. 그래서…… 그래서 이를 악물고 웃으며 가라고 했던 건데……."

당장이라도 눈물을 뚝뚝 흘릴 것 같은 마사의 얼굴을 이지가 측은하게 보았다.

"우리 조지가 집을 떠났다고?"

겁에 질린 목소리가 들려온 것은 그때였다. 마사와 이지가 동시에 이 층으로 통하는 계단을 돌아보았다. 반백의 머리카락이 아무렇게나 헝클어진 메리 여사가 계단 입구에 멍하니 서 있는 게 보였다. 메리 여사는 온몸을 부들부들 떨며 중얼거렸다.

"조지가 기어이 떠났구나……. 하긴 희망 없는 집과 엄마가 지겨웠겠지……."

마사가 스윽 일어섰다.

"어머니, 그런 게 아니에요."

"으아아! 조지!"

메리 여사가 갑자기 벽을 향해 돌진하더니 있는 힘껏 머리를 부딪

쳤다.

쿵! 쿵! 쿵!

연달아 벽에 머리를 부딪치는 메리 여사의 이마에서 곧 피가 비치기 시작했다. 이지는 너무 충격을 받은 나머지 멍하니 지켜보고만 있었다. 마사가 메리 여사를 향해 몸을 날렸다.

"그만하세요, 어머니!"

우당탕!

마사가 메리 여사의 허리를 끌어안고 뒹굴었다. 그제야 이지도 손수건을 들고 달려갔다.

"일단 피부터 막아요!"

"으흐흑~"

마사와 메리 여사는 어느새 부둥켜안고 울고 있었다. 마사가 메리 여사의 어깨를 다독이며 말했다.

"어머니, 조지가 돌아오지 않을까 봐 무서우신 거죠? 실은 저도 무서워요."

흐느끼는 두 사람을 보며 이지도 코끝이 찡해지는 것을 느꼈다.

그때 조지가 문을 열고 들어왔다.

"다녀왔습니다."

"……!"

이지는 물론 마사와 메리 여사까지 눈을 크게 뜨고 조지를 돌아보았다.

"왜, 왜 그런 눈으로 쳐다봐요?"

"그걸 몰라서 물어요?"

퍼억!

이지가 조지의 정강이를 냅다 걷어찼다.

"악! 아파!"

정강이를 잡고 폴짝폴짝 뛰는 조지를 가리키며 이지가 소리쳤다.

"결혼식 날 신부를 버려두고 어딜 갔다 이제야 돌아온 거예요?"

조지를 다시 걷어차려는 이지를 마사가 말렸다.

"그만해요, 이지! 조지가 돌아온 것만으로도 충분해요!"

"이런 남자는 처음부터 버릇을 고쳐 놔야 한다니까요!"

이지와 마사가 실랑이를 벌이고 있을 때 다시 문이 열렸다. 발목을 덮지 못하는 짧은 바지와 뚱뚱한 상체에 비해 너무 작은 외투를 걸친 중년 남자가 집안으로 들어왔다. 두꺼운 안경까지 쓴 남자는 촌스럽고 우스꽝스러운 느낌이었다.

남자를 경계하며 조지가 물었다.

"누구십니까?"

남자가 싱긋 웃었다.

"벤저민 프랭클린이란 사람이오."

벤저민 프랭클린이라면 유명한 사업가이자 과학자로 워싱턴과 함께 미국 독립을 이끈 지도자가 아닌가! 하마터면 아는 척을 할 뻔했던 이지가 손바닥으로 입을 틀어막았다. 프랭클린이 조지의 얼굴을 바라보며 말했다.

"나는 아메리카의 독립운동가로서 현재 펜실베니아에서 식민지 13개 주 대표들의 대륙회의를 준비하고 있는 사람이오."

"그런 분이 저희 집까진 어쩐 일로……?"

"조만간 식민지와 본국 간의 전쟁이 벌어질 거요. 그런데 우리에겐 독립군을 지휘할 장교가 부족해요. 그래서 영국군에서 복무한 경험이 있는 장교 출신들을 찾아 다니고 있다오."

프랭클린이 손가락으로 조지의 얼굴을 가리키며 빙그레 웃었다.

"조지 워싱턴 씨와 복무했던 동료들의 말을 들어 보니, 귀하는 독립에 대해 호의적이라고 하더군요. 자, 어떻소이까? 영국군과 독립 세력 간의 치열한 다툼이 벌어지고 있는 보스턴으로 가서 힘을 보태는 것은?"

"으음……."

조지는 입을 다문 채 생각에 잠겼다. 그가 본국의 부당한 압력에 반감을 품고 있다는 프랭클린의 말은 사실이었다. 하지만 본국과의 협상을 원했지, 전쟁까지 생각하고 있지는 않았다. 게다가 셀리는 조지 3세에게 충성을 바치고 있지 않은가. 그녀와 적이 될지도 모르는 전쟁에 뛰어들고 싶지는 않았다. 동시에 그녀를 만날 수 있는 보스턴으로 떠나고 싶기도 했다.

결국 조지는 프랭클린을 향해 고개를 끄덕였다.

"알겠습니다. 내일 날이 밝는 대로 보스턴으로 떠나겠습니다."

"고맙소, 조지 씨. 귀하가 장차 독립군을 이끌 장군이 되리라고 나는 믿고 있소."

프랭클린과 조지가 악수를 나누었다. 조지가 떠난다는 말에 그늘이 드리우는 마사의 얼굴을 보고 있던 이지가 외쳤다.

"조지가 가면 우리도 가겠어요!"

"이지와 마사까지 보스턴으로?"

떨떠름하게 쳐다보는 조지를 향해 이지가 고개를 끄덕였다.

"물론이에요."

"보스턴은 위험한 곳이야."

프랭클린이 조지를 거들고 나섰다.

"올 3월에는 보스턴에 주둔 중인 영국군이 시민들을 향해 총을 발포해 여러 명이 목숨을 잃는 사건까지 벌어졌소. 보스턴은 전쟁터나 마찬가지예요."

그래도 이지는 마사의 손을 꼭 잡으며 물러서지 않았다.

"그래도 가겠어요! 우리가 가지 않으면 조지도 못 가요!"

"……!"

조지와 프랭클린은 황당한 듯 서로의 얼굴을 보았다. 여자들의 고집을 도저히 꺾을 수 없다는 사실을 비로소 알아차린 것 같았다.

6
보스턴 차 사건

　사흘 후 조지와 마사, 이지는 보스턴에 도착했다. 보스턴은 아메리카의 상업 중심지답게 번화한 곳이었다. 항구에는 크고 작은 무역선들이 정박해 있고, 거리는 마차와 사람들로 넘실거렸다. 하지만 사람들의 표정은 밝지 않았다. 거리 곳곳에서 감시의 눈빛을 번뜩이는 영국군 때문이었다. 군인들은 하나같이 착검한 라이플을 어깨에 걸친 채였다.
　"흐음…… 보스턴에 전운이 감돈다는 말은 사실인 것 같군."
　이지, 마사와 함께 거리를 걸으며 조지는 심각하게 중얼거렸다. 이지가 앞쪽의 허름한 호텔을 가리키며 외쳤다.
　"저기 프랭클린 씨가 말한 등대 호텔이 있어요!"
　"308호라고 했지? 빨리 들어가자."

308호의 문을 열고 들어가자 놀랍게도 프랭클린이 먼저 와서 기다리고 있었다. 짧은 머리카락에 얼굴이 검게 그을린 청년 십여 명도 함께였다.

"인사 나누시오. 앞으로 조지 씨가 지휘하게 될 독립군 청년들이오. 소중한 인재들이지."

"반갑습니다. 조지 워싱턴이라고 합니다."

청년들과 일일이 악수를 나눈 후에 조지는 이번엔 프랭클린을 바라보며 물었다.

"저는 앞으로 무슨 일을 하면 됩니까?"

"조지씨는 이 청년들과 함께 영군군의 움직임을 감시해 주시면 됩니다. 그러다 시민들과 군인들 사이에 충돌이 벌어지는 일이 생기면 시민들을 보호해 주시오."

"알겠습니다."

조기가 천천히 고개를 끄덕였다. 하지만 그의 얼굴에 망설임이 스치는 것을 이지는 놓치지 않았다. 이지는 조금 이상한 기분이 들었다. 아메리카의 독립을 위해 싸우러 왔다는 조지가 엉뚱한 곳에 마음을 빼앗기고 있는 사람처럼 보였기 때문이다. 이지는 그런 조지가 불안했지만 마사가 그와 함께 있다는 사실만으로도 행복한 듯 보여 아무 말 않기로 했다.

"조지 씨의 활약을 기대하고 있겠소."

프랭클린과 청년들이 돌아가자마자 이지가 팔을 번쩍 쳐들었다.

보스턴 차 사건　127

"배고파요! 레스토랑으로 내려가서 밥부터 먹읍시다!"
"그럴까?"
빙그레 웃으며 모자를 들어 올리는 조지를 마사가 말렸다.
"보스턴에 얼마나 머물지도 모르는데, 매번 레스토랑을 이용할 순 없어요. 마침 호텔방에 화덕과 냄비가 있으니, 웬만하면 만들어 먹자고요."
이지는 당연히 반대였다.
"프랭클린 씨가 활동비를 줬잖아요."
"쥐꼬리만 한 돈으론 열흘도 못 버틸걸요. 최대한 절약하는 수밖에 없어요."
마사가 설득하자 이지도 포기할 수밖에 없었다.
"쳇, 알았어요."
"이지는 나와 장을 보러 나가요."
마사와 이지는 장바구니를 든 채 호텔 밖으로 나갔다. 뜨거운 오후의 햇살을 받으며 두 사람은 항구로 향했다. 어느 항구나 그렇듯 보스턴항도 각종 생선들과 활력으로 넘쳐났다.
"이 생선은 얼마예요?"
"10센트만 내시오."
"10센트요? 5센트에 주세요."
"엥? 반이나 깎는 사람이 어디 있소?"
"저쪽 어선들에 올라가면 그 가격에 살 수 있다던데요?"

"허허~ 이 아가씨 못 당하겠군. 알겠소. 5센트만 내시구랴."

이지가 보기에 마사는 최고의 살림꾼이었다. 상인이 제시한 가격을 단숨에 반토막내는 마사에게서 이지는 엄마의 모습을 떠올렸다. 문득 엄마가 보고 싶어져 이지는 멍하니 서 있었다. 마사는 이지의 등을 툭 쳤다.

"이제 토마토 사러 가요."

싼 값에 싱싱한 생선을 구입한 마사는 조지에게 맛있는 음식을 만들어 주고 싶단 생각에 기운이 나는지 힘들지도 않아 보였다. 이지는 못 말리겠다는 듯 피식 웃고는 벌써 저만치 가 버린 마사의 뒤를 따랐다.

"마사, 같이 가요!"

이지와 마사가 장을 보러 간 사이 조지도 호텔 근처를 산책 중이었다. 혹시 셀리와 마주치지 않을까 하는 기대를 품은 채였다. 하지만 거리는 너무 복잡했고, 사람들은 너무 많았다. 늘 한가한 마운트 버논에 살다가 오랜만에 도시로 나온 조지로선 정신이 하나도 없었다. 결국 그는 인적이 뜸한 뒷골목으로 숨어들고 말았다.

"휴우, 머리가 지끈지끈하군."

벽에 등을 기대고 이마의 땀을 닦다가 조지는 갑작스런 목소리에 흠칫 골목 안쪽을 돌아보았다.

"나는 독립군과는 거리가 먼 사람이오. 남부에서 생산한 면을 수출

하는 무역업자입니다."

고개를 살짝 내밀고 보니 프랭클린이 레드코트를 입은 서너 명의 영국 군인들에게 포위되어 있었다. 그는 땀을 뻘뻘 흘리며 변명 중이었지만 군인들은 믿어 주는 눈치가 아니었다. 눈매가 날카로운 장교가 프랭클린의 멱살을 움켜잡았다.

"여기 네 초상화가 그려진 현상수배지가 있다! 그런데도 잡아떼? 누가 속을 줄 알고!"

"글쎄, 난 아니라니까요."

"사령부로 끌고 가라!"

프랭클린이 그대로 영국군에 끌려갈 위기에 놓이자 더 보고만 있을 수 없던 조지가 바람처럼 달려 나갔다. 조지는 주먹을 휘둘러 장교부터 쓰러뜨렸다. 그리고 멍하니 서 있는 병사들을 뒤로하고 프랭클린의 손을 잡은 채 도망치기 시작했다.

"무조건 뛰어요!"

정신을 차린 장교와 병사들이 쫓아오기 시작했다.

"거기 서!"

"서지 않으면 쏜다!"

탕- 탕탕-

총알이 귓가를 스치고 지나갔지만 조지와 프랭클린은 멈추지 않았다. 독립운동을 시작하기도 전에 잡힐 수는 없었다.

"이…… 이런……!"

골목 밖으로 나온 조지와 프랭클린은 영국군 수십 명에게 포위당하고 말았다. 군인들은 일제히 두 사람을 향해 총구를 겨누었다. 방금 전 조지의 주먹에 쓰러졌던 장교가 스코틀랜드 검을 뽑아들고 다가왔다.

"감히 대영제국의 장교를 폭행하다니……!"

장교가 칼을 쳐드는 순간, 날카로운 외침이 들려왔다.

"당장 멈춰요!"

조지와 장교는 깜짝 놀라 옆을 보았다. 병사들을 헤치고 당당하게 걸어오는 것은 바로 셀리였다. 조지는 셀리를 멍하니 바라보았다. 프랭클린도 의아한 눈빛으로 마주선 조지와 셀리의 얼굴을 번갈아 보았다.

셀리가 조지에게 시선을 고정시킨 채 말했다.

"이 사람들은 독립군이 아니에요. 당장 풀어 줘요."

"하지만 저희들의 정보에 의하면……."

"내가 영국군 총사령관 윌리엄 하우 장군의 정보장교라는 사실을 잊었나요? 당신들이 말하는 정보도 내가 제공한 거예요."

셀리의 말에 뭐라 더 대꾸를 하지 못하고 얼굴이 벌겋게 달아오른 장교가 병사들을 데리고 돌아가 버렸다. 열을 맞춰 철수하는 영국군을 거리의 시민들이 적대감 가득한 눈으로 쏘아보았다. 조지와 셀리는 여전히 서로의 얼굴을 뚫어져라 응시하고 있었다. 프랭클린이 흠 흠 헛기침을 하며 물러섰다.

"나는 이만 가 보겠소. 며칠 내로 다시 만납시다."

프랭클린이 사라진 후에도 조지와 셀리는 한동안 서로를 마주보며 서 있었다. 장을 보고 돌아오던 이지와 마사가 두 사람을 발견한 것은 바로 그때였다.

"저, 저길 봐요."

이지가 두 사람을 가리키자 마사도 흠칫 놀랐다. 이지는 배신감에 치를 떨었다.

"셀리가 보스턴에 있을 줄이야……. 아, 뭔가 이상하다 했더니 역시나였어요. 조지는 독립운동이 아니라 그녀를 만나기 위해 보스턴으로 달려온 게 분명해요."

이지는 분하다는 듯이 소리쳤다.

잠시 생각에 잠겨 있다가 마사는 고개를 흔들었다.

"아마 우연일 거예요."

"흥~ 그런 우연은 소설에나 나오는 거라고요."

근처의 레스토랑으로 나란히 들어가는 두 사람을 보며 이지는 확신과 분노에 차서 말했다.

"저것 봐요. 우리가 식사를 준비하는 걸 뻔히 알면서 셀리와 레스토랑으로 들어가잖아요."

이지가 마사의 손을 잡아끌었다.

"가서 혼을 내 주자고요."

"그럴 필요 없어요."

　손을 뿌리치는 마사를 이지가 황당한 듯 돌아보았다.
　"마사는 분하지도 않아요?"
　"한 번 의심하기 시작하면 끝이 없는 법이에요. 나는 그냥 조지가 거리에서 우연히 셀리를 만났다고 믿을 거예요. 그러니까 이지도 그냥 그렇게 믿도록 해요."
　이지가 무어라 항의하려는데, 마사는 이미 호텔을 향해 걸어가고 있었다.

탁탁탁탁!

객실의 테이블 앞에 앉아 이지는 능숙하게 칼질하는 마사를 지켜보았다. 칼질하는 것을 보면 그 사람의 요리 솜씨를 대충 알 수가 있다. 마사의 칼질은 섬세하고 정확해서 그녀가 능숙한 요리사임을 알려주고 있었다.

잠시 후, 화덕 위에 놓인 냄비 안에서 토마토와 생선을 주재료로 하는 스튜가 맛있게 끓어오르기 시작했다. 구수하고 달콤한 냄새가 객실 가득 퍼졌다. 마사가 국물을 한 스푼 떠서 이지에게 내밀었다.

"이지, 맛 좀 봐 줄래요?"

"지금 음식이 넘어 가요? 조지와 셸리가 무슨 짓을 하고 있는지 모르는데?"

"레스토랑에서…… 대화나 나누겠죠, 뭐."

"나는 두 사람이 다정하게 얘기하는 상상만 해도 화가 막 치밀어요. 마사는 아무렇지도 않아요?"

"나는 괜찮아요. 그러니까 이 스튜 맛이나 봐 줘요."

마사가 이지의 입에 기어이 스푼을 밀어 넣었다.

"글쎄, 안 먹는다니까…… 오잉?"

이지는 눈을 동그랗게 떴다. 스튜 국물이 들어오는 순간, 입안 가득 토마토 향이 퍼지며 시원한 해물 맛이 느껴졌기 때문이다.

"이 스튜는 정말이지……."

"맛있어요?"

이지는 마사의 손을 덥석 붙잡았다.

"우리 당장 스튜 프랜차이즈를 오픈해요. 식민지 제일의 부자가 될 수 있을 거예요."

"프랜차이즈……?"

고개를 갸웃하는 마사를 향해 이지가 엄지손가락을 치켜세웠다.

"한 마디로 맛이 끝내준다고요! 이렇게 맛있는 스튜는 맹세코 처음이에요!"

"후훗~"

"일단 한 그릇씩 먹자고요."

타악!

"아얏!"

냄비 뚜껑을 열려는 이지의 손등을 마사가 때렸다.

"왜 그래요?"

"조금 참았다가 조지가 오면 먹어요."

"조지는 셀리와 밥을 먹고 올 게 분명해요."

마사가 고개를 천천히 저었다.

"조지는 우리와 식사를 할 거예요. 그러니까 조금만 더 참아요."

"하아."

이렇게 꽉 막힌 아가씨를 봤나? 고집스런 마사의 얼굴을 보며 이지는 한숨을 내쉬었다.

그 시각, 조지와 셀리는 레스토랑에 마주앉아 우아하게 스테이크를 썰고 있었다. 와인까지 곁들인 훌륭한 식사였다. 셀리가 와인을 한 모금 홀짝이며 말문을 열었다.

"벤저민 프랭클린과는 어떻게 아는 사이예요?"

"……!"

움찔하는 조지를 향해 셀리가 차분히 말했다.

"그가 대륙회의를 준비하고 있는 독립운동의 핵심 인물이란 건 이미 알고 있어요."

"그런데 왜……?"

"왜 풀어 줬느냐고요? 그야 당신 때문이죠."

"셀리……."

"당장 독립운동을 멈춰요. 아메리카 식민지는 어차피 대영제국에 의해 세워졌고, 조지 3세 전하는 식민지를 지키기 위해 프랑스와 전쟁까지 벌였어요. 그런 본국에 저항하는 것은 배은망덕한 짓이에요."

"으음……."

"나는 당신에게 총을 겨누고 싶지 않아요. 당신은 내게 총을 겨눌 수 있어요?"

"알겠소. 당신의 충고에 대해 깊이 생각해 보리다."

해질 무렵이 되어서야 조지는 호텔로 돌아왔다. 그때까지 이지와 마사는 쫄쫄 굶으며 기다리고 있었다.

"흥~ 누구와 노닥거리다 이제야 돌아오실까?"

툴툴거리는 이지의 앞을 재빨리 막아서며 마사가 조지를 향해 미소를 지었다.

"시장하죠? 당신이 좋아하는 스튜를 만들어 놓았어요."

"미안하지만 저녁은 이미 먹었어. 피곤해서 먼저 쉴 테니, 둘이 식사를 하도록 해."

쿵!

조지가 사라지고 닫히는 방문을 향해 이지는 버럭 화를 냈다.

"그것 봐요! 내가 뭐라고 했어요?"

"진정해요, 이지."

"지금 진정하게 됐어요?"

"나를 위해서 제발 진정하란 말이에요!"

"……!"

마사가 버럭 소리치자 이지는 깜짝 놀랐다. 마사는 언제 소리쳤냐는 듯 무표정한 얼굴로 스튜를 데우기 시작했다. 테이블 위에 차분히 접시를 내려놓는 마사를 보며 이지는 그녀가 속으로 울고 있을지도 모른다고 생각했다. 조지 나쁜 녀석. 여자의 눈에서 눈물 흘리게 만드는 녀석은 언젠가는 피눈물을 흘리게 된다고 우리 엄마가 말했어.

며칠 동안 조지는 객실에 틀어박혀 꼼짝도 하지 않았다. 그 와중에 보스턴의 상황은 심각하게 돌아갔다. 군대까지 주둔시키며 보스턴 시민들을 괴롭히던 영국은 식민지 상인에 의한 차의 밀무역을 금지시키고, 동인도회사에 독점권을 주었다. 이렇게 되자 보스턴 상인들은 큰 피해를 입을 수밖에 없었다. 그렇잖아도 높은 세금과 본국의 억압적인 태도에 부글부글 끓고 있던 보스턴 시민들은 곳곳에서 시위를 벌였고, 영국군은 이를 무력으로 진압했다.

조지가 호텔에 틀어박힌 지 닷새째 되는 날 오후, 프랭클린이 찾아왔다. 그는 침대에 걸터앉아 있는 조지를 향해 다급히 말했다.

"조지 씨가 나서 줄 때가 되었소. 저 오만한 영국군에게 우리 식민지에도 군대가 있음을 보여 줍시다. 보스턴 항구에 정박 중인 동인도회사의 무역선에 올라가 화물칸에 실린 차 상자들을 모조리 바다에 처넣어 버리시오."

프랭클린이 흥분하여 말했지만 조지는 전혀 뜻밖의 반응을 보였다.

"나는 이 싸움에 끼어들 생각이 없습니다."

"그, 그게 무슨 소리요?"

프랭클린은 물론 이지와 마사도 놀랐다. 하지만 조지는 이미 결심을 굳힌 듯했다.

"무리한 요구를 하고 있지만 어쨌든 영국은 우리의 조국입니다. 본국은 식민지를 위해 프랑스와 싸우느라 막대한 전쟁 비용까지 지불했어요. 그 돈의 일부를 우리가 책임지는 것은 당연하다고 생각합니다만."

"조지, 제정신이오? 영국이 우리에게 전쟁 비용의 일부만 내라는 게 아니잖소? 저들은 우리 이주민들에게 노예가 되라고 강요하고 있단 말이오."

"어쨌든 저는 싸우지 않겠습니다."

"아무래도 내가 사람을 잘못 본 것 같군."

조지의 대답에 프랭클린은 실망스런 얼굴로 떠났다. 이지가 조지를 향해 고함쳤다.

"대체 왜 이래요?"

"이지가 나설 일이 아니야."

"셀리 때문이죠? 국왕에게 충성하는 그녀를 실망시키고 싶지 않은 거잖아요."

"네가 뭘 안다고 함부로 말하는 거야?"

조지가 버럭 소리를 지르며 일어섰다. 그래도 이지는 물러서지 않았다.

"제발 정신을 차리고 주위를 둘러봐요. 어차피 식민지는 독립전쟁을 치르게 돼 있어요. 숱한 희생을 겪은 후에 새로운 세상이 열리겠죠. 여자 때문에 웅크리고 있다간 낙오자가 되고 말 거예요."

"그만하란 말이야!"

"당신은 위대한 인물이 될 수도 있는 사람이에요. 그런 당신이 패배자가 되는 게 안타까울 뿐이에요."

쾅!

성난 조지는 방문을 부술 듯 닫고 나가 버렸다.

"조지 워싱턴…… 저 바보 같은 남자…….."

"우리가 대신 해요, 그럼."

나직이 내뱉는 마사의 말에 이지가 흠칫 놀라며 돌아보았다.

"뭐라고요?"

"조지 대신 우리가 동인도회사의 무역선에 올라가 차 상자들을 수장시켜 버리자고요."

"영국군이 눈을 시퍼렇게 뜨고 지킬 텐데, 우리 둘이 어떻게 그런 일을 해요?"

"나는 조지를 위해서라면 목숨까지 바칠 수 있는 사람이에요. 이지가 무섭다면 나 혼자서라도 할 거예요."

"마사…….."

이지가 황당한 표정을 짓고 있을 때, 방문이 열리며 누군가 들어왔다. 뜻밖의 인물의 등장에 이지와 마사는 깜짝 놀랐다.

"피추! 당신이 어떻게 여기에! 보스턴까지 웬일이에요?"

"내 친구 조지를 도우러 왔지."

환하게 미소 짓는 피추를 보며 이지는 어쩌면 이것이 신의 계시일지 모른다고 생각했다.

탕탕탕-

어두워지기 시작한 항구도시 곳곳에서 총성이 울려 퍼졌다. 이지와 마사, 피추는 항구에 정박 중인 무역선을 향해 걸음을 옮기고 있었다. 이지와 마사는 앞치마를 둘렀고, 피추는 등에 냄비와 오븐 등 요리 도구들이 그득 담긴 보따리를 짊어진 상태였다.

 오후 내내 무역선 근처를 서성이다가 이지와 마사는 중요한 정보를 입수했다. 저녁 때마다 자신들이 묵고 있는 호텔에서 무역선으로 요리사들을 보내 선원들에게 직접 요리를 만들어 준다는 정보였다. 막 요리 도구들을 챙겨 범선으로 향하던 요리사들을 기절시켜 창고에 가둔 후, 세 사람은 범선을 향해 달려가는 중이었다.

 갑판으로 올라가는 트랩 앞을 지키는 영국군 병사들이 이지와 친구들의 앞을 막았다.

 "어디서 오는 녀석들이냐?"

 피추가 등에 짊어진 요리 도구들을 가리키며 이지가 히쭉 웃었다.

 "등대 호텔에서 나온 요리사들입니다. 여러분에게 맛있는 요리를 만들어 드리러 왔지요."

 "흐음…… 요리사란 말이지? 그런데 저 인디언은 뭐냐?"

 "저희들이 데리고 다니는 심부름꾼입니다. 수십 명 분의 요리를 하려면 아무래도 남자의 힘이 필요해서요."

 "통과!"

 배에 오르는 게 어려웠지 막상 오른 후에는 의심받지 않았다. 마사의 탁월한 요리 솜씨 덕분이었다. 마사는 특기인 스튜와 양고기 스테이크 그리고 디저트로 부드러운 머핀을 만들었다.

"우와~ 오늘 요리는 굉장한걸!"

"등대 호텔에서 쓸 만한 요리사를 보낸 모양이야."

"머핀이 입안에서 살살 녹는군."

마사의 요리에 대한 선원들의 반응은 가히 폭발적이었다. 하지만 선원들이 모르는 사실이 있었다. 이 환상적인 요리에는 수면제가 듬뿍 들어 있다는 사실.

"드르릉~ 쿠울~."

잠시 후, 선실에는 코 고는 소리만 요란했다. 이지, 마사, 피추는 발소리를 죽인 채 지하 화물칸으로 향했다. 널찍한 화물칸 안에는 차 상자가 가득 쌓여 있었다.

"으아~ 이걸 언제 다 갑판으로 옮기지?"

피추가 화물칸 구석의 나무문을 가리켰다.

"그런데 저건 뭐지?"

"화물칸에서 직접 상자를 내릴 수 있도록 뚫어 놓은 통로 같아. 바다 쪽으로 뚫린 것 같으니, 저기서 상자를 던져 버리면 될 거야."

"간단한 방법이 있었군."

갑판까지 옮기지 않아도 된다는 말에 이지는 가슴을 쓸어내렸다. 하지만 통로 앞까지 상자를 옮기는 일도 만만치가 않았다. 세 사람은 늦은 밤까지 구슬땀을 흘려야 했다. 그리고 마침내 마사가 통로를 열어젖혔다.

밤바다에서 세찬 바람이 불어 닥쳤다. 잠시 땀을 식히던 이지가 마사와 피추를 돌아보며 고개를 끄덕였다.

"슬슬 시작해 볼까요?"

마사와 피추는 힘을 합쳐 세 개의 상자를 한꺼번에 통로 밖으로 밀어냈다.

풍덩-!

상자가 수면 아래로 처박히며 물보라가 하얗게 치솟았다. 상자들이 연이어 떨어지며 그때마다 물보라가 솟구쳤다.

그때 항구 근처를 지나가던 누군가가 수상한 물보라 소리를 들었다. 영국군 사령부로 하우 사령관을 만나러 달려가던 페어팩스 대령과 셀리였다.

"마차를 세워요! 당장!"

셀리가 마차 밖으로 얼굴을 내밀며 소리쳤다. 급정거하는 마차 안에서 페어팩스 대령이 셀리를 향해 의아한 듯 물었다.

"셀리, 왜 그러나?"

셀리가 손가락으로 항구에 정박 중인 동인도회사의 무역선을 가리켰다.

"저 배에서 무언가 바다로 떨어지는 소리를 들었어요."

"선원들이 쓰레기라도 버리는 모양이지."

"트랩을 지키는 병사들도 보이지 않고, 배에 불빛 한 점 없는 것도 수상해요."

"그렇다면 설마……?"

"보스턴 시민들이 차의 밀무역 금지에 대해 반감을 품고 있다는 걸 아실 거예요."

"놈들이 차를 버리고 있구나!"

페어팩스 대령과 셀리가 피스톨을 뽑아들며 마차에서 뛰어내렸다.

한편 그 시각, 밖에서 술을 한잔 마신 조지는 막 객실로 돌아왔다. 객실이 텅 비어 있는 것에 의아해 할 새도 없이 조지는 테이블 위에서 쪽지를 발견했다. 별 생각 없이 그것을 읽다가 조지는 경악했다.

"이지와 마사, 대체 무슨 짓을 벌이고 있는 거야?"

조지는 문을 박차고 벌떡 달려 나갔다.

"끄으으……."

"조금만 더 힘을……."

이지, 마사, 피추는 마지막 남은 열 개의 상자를 한꺼번에 떨어뜨리려고 함께 힘을 쓰고 있었다. 화물칸 입구 쪽에서 싸늘한 목소리가 들려온 것은 그때였다.

"당장 멈춰라! 너희들을 체포한다!"

"……!"

깜짝 놀라 돌아서는 세 사람 앞에 페어팩스 대령과 셀리가 피스톨을 겨눈 채 서 있었다. 이지가 신음처럼 중얼거렸다.

"셀리와 페어팩스 대령……?!"

페어팩스 대령이 간신히 화를 억누르며 다가왔다.

"너희들이 지금 무슨 짓을 했는지 알아? 조지 3세 전하께 전달될 수만 달러의 거금을 바다에 처넣었단 말이다!"

대령의 호통에도 겁먹지 않고 이지는 당당하게 말했다.

"보스턴 상인들의 손발을 묶어 놓은 채 국왕의 차만 거래하라는 게 말이 돼요? 이건 도둑질과 같아요."

"가, 감히 국왕 전하께 도둑이라고……?"

페어팩스 대령의 얼굴이 기묘하게 일그러졌다. 그는 부들부들 떨리는 손으로 총을 들어 총구로 이지를 겨누었다.

"윤이지라고 했지? 대영제국 국왕 전하의 이름으로 네 녀석부터 처형시켜 주마."

"안 돼요!"

구경하고 있던 셸리가 페어팩스 대령의 팔을 잡았다.

타아앙!

그 바람에 총알은 화물칸 천장에 박혔다.

"놔! 놓으란 말이다!"

페어팩스 대령이 셸리의 손을 뿌리치려 팔을 휘저었지만 셸리는 포기하지 않았다.

쉬이익!

피추가 숨겨둔 단검을 뽑아 페어팩스 대령을 향해 날렸다. 단검이 허벅지에 꽂히자 그는 피스톨을 놓치고 데굴데굴 굴렀다.

"아악! 내 다리!"

"지금이야! 도망쳐!"

이지와 친구들은 입구를 향해 후다닥 달려갔다. 셀리가 피스톨을 겨눈 채 그 앞을 가로막았다. 이지가 셀리를 향해 애원조로 말했다.

"곧 병사들이 깨어날 거예요. 우리를 보내 줘요."

"너희는 사령부로 압송되어 공정한 재판을 받게 될 거야."

"그건 좀 곤란한걸."

등에 총구가 박히는 것을 느끼며 셀리가 움찔했다.

"다…… 당신……?"

질린 듯 돌아보는 셀리의 뒤에 서 있는 사람은 조지였다. 셀리가 억지로 웃으며 말했다.

"우리는 같은 편인 줄 알았는데요?"

"물론 당신과 적이 되고 싶은 생각은 없소."

"그런데요?"

"저기 세 사람은 나의 가장 친한 친구들이오. 저들이 반역죄로 체포되면 어떤 처벌을 받겠소?"

"그야 당연히……."

"사형을 당할 테지."

"으음……."

"우리가 이곳을 빠져나갈 때까지 얌전히 있어 주시오. 부탁하오, 셀리 양."

셀리가 마지못해 고개를 끄덕이자 조지가 이지들을 향해 외쳤다.

"빨리 나가자!"

"잠깐만요!"

마사가 통로에 놓인 마지막 열 개의 상자를 밀기 시작했다. 마사의 의도를 알아차린 이지와 피추도 도왔다.

와그르르- 풍덩!

마침내 상자들이 바다로 떨어졌다. 셀리와 페어팩스 대령의 안색이 하얗게 질려 버렸다. 조지는 이젠 정말 시간이 없다며 급히 손짓을 했다.

"빨리 떠나야 해!"

"가요!"

화물칸을 빠져나가는 조지와 이지, 셀리, 피추의 뒷모습을 셀리가 사납게 쏘아보았다.

그날 밤, 조지와 일행은 영국군의 추격을 뿌리치고 간신히 탈출할 수 있었다. 그리고 프랭클린의 도움으로 시내의 한 건물에 몸을 숨겼다.

"누가 그런 무모한 짓을 하랬어? 내가 가지 않았으면 너희들은 죽은 목숨이었어!"

독립을 지지하는 한 상인의 창고에 숨은 조지는 이지와 마사에게 불같이 화를 냈다. 하지만 두 사람의 용감한 행동은 독립운동에 커다란 영향을 미쳤다. 차 무역을 금지시킨 영국의 결정 때문에 부글부글

끓고 있던 보스턴 시민들은 이 사건을 '보스턴 차 사건'이라 부르며 환호했다.

　영국은 손해 배상을 요구하는 한편, 병사들을 풀어 조지들을 찾으려고 혈안이 되었다. 하지만 시민들은 똘똘 뭉쳐 조지와 친구들을 보호했다. 조지는 자신이 원하든 원하지 않든 식민지의 영웅으로 떠오르고 있었다.

　단단히 화가 난 조지 3세는 해군을 동원하여 보스턴 항구를 봉쇄하고, 배상금을 물지 않으면 식민지 무역선이 바다로 나가지 못하게 하겠다고 으름장을 놓았다. 이 문제를 의논하기 위해 필라델피아에서 식민지의 대표들이 모여 회의를 열었는데, 이것이 바로 제 1차 대륙회의다.

　1차 대륙회의 폐회 연설에서 패트릭 헨리는 "자유가 아니면 죽음을 달라!" 하는 유명한 연설로 식민지의 독립 의지에 불을 질렀다. 이를 계기로 식민지는 민병대를 조직하여 훈련시키고, 군수물자를 비축하기 시작했다.

7
렉싱턴 전투

　조지와 마사 그리고 이지와 피추는 여름이 다 지날 때까지 창고 건물 꼭대기 층의 다락방에서 숨어 지냈다. 좁은 방에 갇혀 지내려니 답답했지만 그나마 작은 창을 통해 시내가 내려다보여 위안이 되었다.
　방에서도 조지와 친구들은 시민들과 영국군 사이의 긴장감이 조금씩 높아지는 것을 느낄 수 있었다. 전쟁은 이제 피할 수 없는 것처럼 보였다. 하지만 조지는 여전히 망설이는 눈치였다. 그게 셀리 때문이라는 것을 이지는 쉬이 알 수 있었다. 이봐요. 멀리 있는 여자보다는 가까이에서 당신을 위해 헌신하는 여자부터 생각하라고요.
　조지를 위해 하루도 거르지 않고 맛있는 요리를 만드는 마사를 보며 이지는 속으로 혀를 찼다.
　며칠 후, 프랭클린이 찾아왔다. 그의 얼굴은 어느 때보다 상기되어 있었다.

"우리 독립군이 보스턴 외곽 렉싱턴에 저장해 둔 군수품을 찾기 위해 영국군 총사령관 하우 장군이 군대를 파견한다는 정보요. 우리로선 절대 빼앗겨서는 안 되는 귀중한 무기요. 조지 워싱턴 장군, 당신이 부대를 이끌고 달려가 군수 창고를 지켜주시오."

"자, 장군이라고요?"

눈을 부릅뜨는 이지와 마사를 향해 프랭클린이 빙그레 웃었다.

"대륙회의는 보스턴 차 사건으로 독립군의 명예를 높인 조지 워싱턴을 장군으로 임명했단다."

"와아~"

"조지, 축하해요!"

이지와 마사는 물론 피추까지 축하했지만 조지의 표정은 밝지 않았다.

하늘은 한층 높아지고 대서양 쪽에서 불어오는 해풍이 시원하게 느껴질 무렵, 조지와 마사 그리고 이지와 피추는 보스턴 외곽 렉싱턴의 목장에 머물고 있었다. 목장의 창고에 저장된 수천 정의 소총과 대포와 포탄 그리고 식량을 지키는 것이 조지와 그가 이끄는 부대의 임무였다. 하지만 부대라고 해 봤자 총 한 번 쏴 본 적이 없는 농부들이 대부분이었고, 그나마도 병력은 오십 명 정도 밖에 되지 않았다.

"가만히 앉아 있지만 말고 저 농부 아저씨들한테 사격하는 법이라도 가르쳐 줘요."

이지가 몇 번이나 말했지만 조지는 꼼짝도 하지 않았다. 조지의 머릿속에는 동인도회사의 무역선을 떠날 때 자신을 쏘아보던 셀리의 얼굴만 가득했다. 의자에 몸을 파묻은 채 눈을 감고 있는 조지를 째려보다가 이지는 홱 돌아섰다. 마사는 아직 할 말이 남은 듯 조지 앞에 엉거주춤 서 있었다. 이지가 마사를 돌아보며 버럭 소리를 질렀다.

"아, 거기서 뭐하고 있어요?"

씩씩거리며 마당으로 나오는 이지를 마사가 헐레벌떡 쫓아왔다.

"이지, 기다려 봐요!"

"짜증나, 정말!"

우뚝 걸음을 멈추는 이지를 향해 마사가 물었다.

"대체 왜 그리 화가 난 거예요?"

"몰라서 물어요? 조지는 지금 셀리만 생각하고 있어요. 그래서 이 중요한 때에 축 처져 있는 거라고요. 조지의 바보 같은 모습을 보면 화가 나서 참을 수가 없어요."

"흐음……."

셀리가 눈을 가늘게 뜨고 씩씩대는 이지의 얼굴을 보았다.

"왜 그렇게 쳐다 봐요?"

"솔직히 말해 봐요."

"뭘요?"

"이지도 조지를 좋아하지요?"

"예에?"

이지는 입을 쩍 벌렸다. 말이 안 돼서가 아니라 정곡을 찔렸기 때문이다. 조지는 이전 시간여행에서 만난 헨리 8세, 샤 자한, 나폴레옹, 세종대왕처럼 주노와 비슷한 외모를 하고 있었다. 게다가 어떤 운명처럼 이지는 그들에게 묘한 감정을 느끼게 되지 않았던가. 이번에도 예외는 아니어서 이지는 셀리 때문에 미래를 망치려는 조지에게 연민과 분노를 동시에 느끼고 있었다. 방금 마사가 그것을 정확히 짚어낸 것이다.

"마사, 나는……."

"변명할 필요 없어요."

다정한 미소를 머금은 채 마사가 말을 이었다.

"이지처럼 예쁘고 훌륭한 아이가 조지를 좋아해 줘서 나도 기뻐요. 그만큼 조지가 괜찮은 남자라는 뜻 아니겠어요?"

"마사……!"

이지는 감동받은 표정으로 마사를 보았다. 겉으론 약해 보이지만 마사의 마음은 바위처럼 단단한 것이다.

"이제 슬슬 시작해 볼까요?"

마사가 이지를 향해 의미심장하게 웃었다.

"뭘 시작해요?"

"조지 대신 우리가 농부들을 훌륭한 군인으로 만들어 보잔 말이에요."

"……?"

탕탕탕-

목장 구석에서 총성이 울려 퍼졌다. 마사가 병사들에게 사격 훈련을 시키는 소리였다. 이지는 귀를 막은 채 표적을 향해 총을 겨눈 마사를 지켜보고 있었다.

"먼저 팔을 어깨 높이로 들어올리세요. 그리고 총구와 표적이 일직선이 되도록 시선을 고정시켜요. 그런 다음 1, 2초간 호흡을 멈춘 다음 발포!"

타앙!

"와아아!"

마사가 쏜 총알이 과녁에 명중하자 농부들 사이에서 감탄성이 터졌다. 마사가 병사들을 향해 씨익 웃었다.

"여자인 나도 했으니 여러분도 가능하겠죠?"

"예에-!"

입을 모아 외치는 병사들을 보며 이지는 조지보다는 오히려 이지가 장군감일지도 모른다고 생각했다. 이지가 마사에게 다가가 물었다.

"사격은 언제 배운 거예요?"

"우리 아빠가 마운트 버논 제일의 사냥꾼이었거든요."

"어쩐지 사격 솜씨가 예사롭지 않다 했어요."

"이지도 배워 볼래요?"

"난 사양할래요."

이지와 마사는 병사들을 훈련시키는 데 깊이 빠져 조지가 자신들의

뒤쪽으로 말을 끌고 가는 것을 미처 발견하지 못했다. 조용히 목장을 빠져나온 조지는 보스턴 시내를 향해 질주했다.

오후 내내 조지는 보스턴 시내를 돌아다니고 있었다. 영국군 사령부는 조지에게 거액의 현상금을 내걸고 있었기 때문에 이렇게 거리를 활보하는 것 자체가 위험천만한 일이었다. 그래도 조지는 목장으로 돌아갈 수 없었다. 어떻게든 셸리를 만나야 해. 그리고 그녀와의 오해를 풀어야만 해. 조지는 절박했던 것이다.

"어이, 거기 잠깐 서라!"

영국 병사들이 뒤쪽에서 조지를 불러 세웠다. 조지는 계속 걸으며 허리춤의 피스톨을 살며시 잡았다. 여차하면 병사들을 쓰러뜨리고 달아날 생각이었다. 조지가 막 몸을 돌리려는 순간, 누군가 와락 팔짱을 끼었다.

"다…… 당신……?"

"쉬잇, 그냥 친한 척해요."

조지의 팔짱을 낀 채 한쪽 눈을 찡긋하는 사람은 셸리였다. 셸리를 알아본 병사들이 우뚝 멈춰 섰다.

"당신은 이렇게 돌아다니면 안 돼요. 나를 따라와요."

셸리가 조지의 손을 잡아끌며 골목으로 들어갔다. 인적 드문 골목 안쪽에 마주서서 두 사람은 한동안 말이 없었다. 셸리가 살짝 토라진 얼굴로 물었다.

"대륙군의 장교가 되었다죠? 그런 주제에 무슨 배짱으로 거리를 활보하는 거예요?"

"셀리, 당신을 만나기 위해서요."

"나를요? 대체 왜요?"

"그날 무역선에서의 일을 사과하고 싶었소. 그때는 내가 너무 심했던 것 같소."

"……."

한동안 조지의 눈을 들여다보다가 셀리가 표정을 살짝 풀었다.

"우리는 여전히 친구예요. 그렇죠?"

"당연하오."

"그럼 당신이 지금 어디에 머물고 있는지 말해 줘요."

"그건……."

조지는 망설였다. 영국군이 혈안이 되어 렉싱턴의 군수 창고를 찾고 있는 것이다. 셀리가 입을 비쭉였다.

"뭐예요? 우린 친구라더니, 아직도 나를 못 믿어요?"

"그런 게 아니오."

"그럼 뭐예요?"

조지는 결국 사실대로 고백하고 말았다.

"렉싱턴의 목장에서 숨어 지내고 있다오. 누구에게도 말을 해서는 안 되오."

"안심해요. 나는 단지 가끔 당신을 만나러 가고 싶을 뿐이라고요."

셀리가 다정하게 미소를 지었지만 조지는 이상하게도 불안한 마음이 가시지 않았다.

밤이 되어서야 조지는 렉싱턴의 목장으로 돌아왔다. 마사가 맛있는 저녁 식사를 차려 놓고 조지를 기다리고 있었다. 풀이 죽어 식탁에 앉는 조지를 마사와 이지, 피추가 이상한 듯 쳐다보았다. 이지가 수상쩍은 듯이 물었다.

"하루 종일 어디를 다녀온 거예요?"

"……."

"설마 셀리를 만나고 오는 건 아니겠죠?"

조지는 고개를 푹 떨구었다.

"실은 보스턴 시내에서 셀리를 만났어. 그리고 그녀에게 우리가 렉싱턴의 목장에 머물고 있다고 얘기했지."

이지가 주먹으로 식탁을 내리쳤다.

"제정신이에요? 새벽이 오기 전에 영국군이 쳐들어올 거라고요!"

조지가 고개를 번쩍 쳐들며 변명했다.

"그, 그럴 리가 없어. 셀리는 그냥 내가 어디에 머무는지 알고 싶다고 했어."

"혹시 바보 아니에요?"

마사가 끼어들어 조지와 이지의 싸움을 말렸다.

"흥분하지 말고 차분하게 대책을 세워요. 일단 조지는 셀리가 영국군에게 우리의 위치를 알려주지 않았을 거라고 믿는 거죠?"

"응."

"나도 셀리를 믿고 싶어요. 하지만 만약의 경우란 게 있으니까 목장에 있는 대륙군 병사들을 무장시킨 후, 목장으로 들어오는 오솔길 양옆에 매복시키기로 해요."

"두 사람이 정 그렇게 하길 원한다면 마음대로 해."

그마저도 못마땅한 듯 조지는 마지못해 고개를 끄덕였다.

그날 밤이 지나고 새벽까지 조지와 마사 그리고 이지와 피추는 목장으로 통하는 오솔길 양옆의 잡목숲에 매복해 있었다. 라이플을 든 대륙군 병사들도 함께였다. 뿌옇게 밝아 오는 동쪽 하늘을 보며 조지가 실소를 흘렸다.

"셀리가 끌고 온다는 영국군은 어디에 있지?"

"쉿!"

순간 이지가 손가락을 입술에 갖다 대며 속삭였다.

"들어 봐요. 어디선가 말발굽 소리가 들리지 않아요?"

마사와 조지도 나란히 귀를 기울였다. 잠시 후, 피추가 손가락으로 새벽안개가 자욱한 오솔길 저쪽을 가리켰다.

안개를 헤치고 영국 기병 수백 명이 다가오고 있었다. 번뜩이는 검을 꽂은 라이플로 무장한 영국군을 선두에서 이끌고 있는 것은 셀리와 페어팩스 대령이었다. 두 사람은 물론 기병대 전체는 들키지 않기 위해 최대한 천천히 말을 몰고 있었다.

"셀리가 나한테 이럴 수가……?!"

셀리의 모습을 확인한 조지가 절망스런 표정으로 중얼거렸다. 그런 조지의 얼굴을 똑바로 응시하며 이지는 힘주어 말했다.

"정신 똑바로 차리고 집중해요. 이대로 군수품을 빼앗기면 이 전쟁은 하나마나예요."

조지가 이를 악물며 피스톨을 뽑자 마사는 긴장한 병사들을 둘러보며 나직이 속삭였다.

"조지가 발포하면 일제히 사격을 시작해요. 긴장하지 말고 연습한 대로만 하면 될 거예요."

조지가 피스톨로 가까이 접근한 셀리를 겨누었다. 떨리는 손으로 셀리를 겨누고 있던 조지가 총구를 슬쩍 틀었다.

타앙!

히히힝~

총알은 페어팩스 대령을 아슬아슬하게 스쳐지나갔다. 하지만 놀란 페어팩스 대령은 말과 함께 쓰러졌다. 그것을 신호로 길 양옆에 매복한 대륙군 병사들이 일제히 발포를 시작했다. 매복이 있을 줄은 꿈에도 몰랐던 영국군은 충격과 혼란에 빠졌다. 수많은 영국군 병사들이 피를 흘리며 쓰러졌다. 살아남은 병사들은 도망치기 바빴다.

"돌격!"

조지가 앞장서자 이지, 마사, 피추와 대륙군 병사들도 함성을 지르며 달려 나갔다. 힘겹게 일어서는 페어팩스 대령의 얼굴에 조지가 피스톨을 겨누었다.

"항복하시오, 대령."

타앙!

순간 단발마의 총성이 울리며 총알이 조지의 뺨을 스치고 지나갔다. 피가 주르륵 흐르고, 조지는 질린 표정으로 고개를 돌렸다. 그의 눈에 피스톨을 겨누고 있는 셀리의 모습이 들어왔다.

"셀리, 당신이 나를……?"

셀리가 눈을 번뜩이며 말했다.

"대령님을 풀어 주지 않으면 쏘겠어요."

"……."

잠시 셀리를 멍청히 바라보던 조지가 페어팩스 대령의 멱살을 잡아 일으켰다.

"쏘고 싶으면 쏘시오!"

"이이……!"

셀리가 정말 쏘려는 듯 이를 악물며 방아쇠를 천천히 당겨갔다.

"안 돼!"

"꺄악!"

순간 이지가 바람처럼 달려들어 셀리를 쓰러뜨렸다.

"이지, 위험해!"

조지가 이지를 향해 급히 달려갔다. 그 순간을 놓치지 않고 조지의

손을 뿌리친 페어팩스 대령이 황급히 말에 올랐다.

"후퇴! 후퇴하라!"

총성과 함성이 소란스럽게 울려 퍼지는 가운데 영국군은 많은 사상자를 남기고 물러갔다. 페어팩스 대령과 셀리도 함께 사라졌다. 흙먼지가 자욱한 첫 번째 전투의 현장에서 조지는 총을 늘어뜨린 채 멍하니 서 있었다. 셀리에 대한 배신감에 치를 떨고 있는 조지를 이지와 마사는 조용히 지켜보고 있었다. 두 사람을 바라보며 조지는 다짐했다.

"이제 다시는 셀리 때문에 흔들리지 않겠어. 대륙군의 장군으로서 독립을 위해 이 한 몸 바치겠어. 아메리카 독립 만세!"

"와아아! 아메리카 독립 만세!"

"조지 워싱턴 장군 만만세!"

조지가 주먹을 번쩍 쳐들자 대륙군 병사들도 라이플을 흔들며 함성을 질렀다. 독립군과 영국군과의 첫 번째 싸움인 렉싱턴 전투는 이렇게 대륙군의 승리로 끝이 났다.

8
헌신의 힘

 렉싱턴에서 본격적인 전투가 시작되자 식민지의 대표들은 허겁지겁 2차 대륙회의를 소집했다. 이 회의에서 벤저민 프랭클린과 토마스 제퍼슨의 주도로 독립선언문이 만들어졌다. 그리고 프랭클린의 강력한 추천에 의해 조지 워싱턴은 대영제국과의 전쟁을 책임질 대륙군 총사령관으로 임명되었다. 드디어 본격적인 독립전쟁이 시작된 것이다. 하지만 워싱턴이 이끄는 대륙군의 미래는 밝지 않았다.

 윌리엄 하우 사령관이 십만이 넘는 병력을 이끌고 동부 해안에 상륙했지만 워싱턴은 무장조차 변변히 갖추지 못한 2만의 대륙군으로 맞서 싸워야 했다. 당연히 대륙군은 패전을 거듭하며 밀릴 수밖에 없었다.

 보스턴에서부터 후퇴를 거듭하던 대륙군은 결국 뉴욕에까지 다다

랐다. 워싱턴의 항복을 받아내기 위해 하우 장군은 뉴욕항에 상륙했다. 조지는 롱아일랜드에 방어선을 구축하고 대항했지만 밀물처럼 몰려드는 영국군을 당해낼 수 없었다.

결국 조지의 대륙군은 허드슨 강까지 밀려난 채 하우 장군의 부대에 완전 포위당하고 말았다. 앞에는 영국군이 포진해 있고, 뒤에는 사나운 겨울 강이 넘실거리고 있었다. 조지에게 남은 선택이라곤 하우 장군에게 항복하거나, 무모한 돌격을 감행해 명예롭게 전사하는 길밖에 없는 것처럼 보였다.

이때 대륙군 진영에 한 가지 첩보가 입수되었다.

유명한 수산업자인 존 앤더슨이 허드슨 강의 상류 쪽에 수십 척의 배를 숨겨 두고 있다는 것이었다. 하지만 앤더슨은 조지 3세에게 충성하는 사람이었다. 대륙군에게 배를 제공하느니 모조리 불태워 버리겠다고 공공연히 떠들고 다닌다는 소문도 들렸다.

눈보라가 몰아치는 밤, 사령관의 막사에 조지를 중심으로 이지, 마사, 피추가 둘러앉아 심각하게 회의를 하고 있었다.

"으음…… 앤더슨의 배를 끌고 올 수만 있다면 허드슨 강을 건너서 어떻게든 반격의 기회를 노릴 수 있을 텐데."

심각하게 중얼거리는 조지의 얼굴을 이지가 조용히 바라보았다. 몇 달째 계속된 후퇴로 지칠 대로 지친 그의 얼굴은 야위어 있었다. 왠지 주노의 얼굴이 떠올라 이지는 가슴이 아팠다. 이때 마사가 무언가 결심한 얼굴로 말했다.

"내가 가서 배를 끌고 오겠어요."

"마사 당신이? 대체 어떻게?"

황당한 듯 돌아보는 조지를 마사가 똑바로 쳐다보았다.

"내게 방법이 있으니 믿고 맡겨줘요. 대신 조지 3세의 가짜 명령서를 한 장 만들어 줘요."

"이건 너무 위험한 모험이야."

"그래서 내가 하겠다는 거예요. 당신이 힘들 때면 나는 늘 옆에서 돕기로 맹세한 아내니까요."

"마사……!"

조지는 할 말을 잃은 듯 마사의 얼굴을 바라보았다. 그의 눈동자에 후회의 그림자가 스쳐 지나는 것을 이지는 똑똑히 보았다.

"마사, 그 방법이란 게 대체 뭐예요?"

날이 밝자마자 작은 배를 타고 허드슨 강을 거슬러 올라가며 이지는 마사에게 궁금해 견딜 수 없다는 듯이 물었다.

"무슨 방법?"

"앤더슨의 배를 끌고 올 방법이 있다면서요?"

"흐음……."

흐음…… 이라니? 이거 어째 수상한걸?

"실은 방법 같은 건 없어요."

"으엑! 그럼 왜 조지한테 그렇게 말했어요?"

조지 워싱턴과 마사 커티스

"그래야 조지가 걱정하지 않고 보내 줄 테니까요."

"지금 그걸 말이라고 해요? 이건 우리의 목숨이 걸린 문제라고요."

조지가 만들어 준 가짜 명령서를 들어 보이며 마사가 히쭉 웃었다.

"너무 걱정하지 말아요. 여기 국왕의 명령서도 있잖아요?"

"그딴 건 자세히 들여다보기만 해도 가짜란 걸 알 수 있다고요!"

"걱정하지 말아요. 앤더슨은 의심하지 않을 거예요."

"후우우~ 마사는 정말이지 조지를 위해서라면 물불을 가리지 않는군요."

이지가 질려 버렸다는 듯이 고개를 절레절레 흔들 때, 피추가 손가락으로 상류 쪽을 가리켰다.

"저길 봐!"

이지와 마사는 피추가 가리키는 방향을 보았다. 앞쪽에 크고 작은 배 수십 척이 정박한 항구가 보였다. 항구 너머에는 널찍한 마당이 딸린 성처럼 거대한 저택이 보였고 항구와 저택의 마당 곳곳에 라이플로 무장한 경비병 수십 명이 서성이고 있었다. 이지의 안색이 핼쑥해졌다.

"으아아~ 영국군 사령부보다 경비가 더 삼엄하잖아."

"침착해요, 이지. 호랑이한테 물려가도 정신만 차리면 살 수 있다고 했어요."

"어이~ 무모한 아가씨. 그건 우리나라 속담이걸랑요.

"흠흠! 그러니까 조지 3세 전하께서 내게 직접 도움을 청하셨다는 말이오?"

한낮의 햇살이 은은히 비추는 거실 소파에 앉아 읽고 있던 명령서를 내리며 앤더슨이 눈을 동그랗게 떴다. 맞은편에 마사와 나란히 앉은 이지는 앤더슨이란 남자가 꼭 늙은 너구리처럼 교활하게 생겼다고 생각했다. 이지의 마음을 아는지 모르는지 마사가 차분한 목소리로 대답했다.

"그렇습니다, 앤더슨 경."

"경…… 경이라고……?"

놀라는 앤더슨을 향해 마사가 웃었다.

"국왕 전하께서는 앤더슨 씨의 도움에 보답하기 위해 남작의 작위를 내리겠다고 말씀하셨습니다. 이 작위는 경의 자식들에게 상속되며 런던 외곽에 따로 봉지도 주어질 것입니다."

"……!"

충격과 기쁨을 이기지 못하고 입을 쩍 벌린 앤더슨의 얼굴을 보며 이지는 마사가 작전을 제대로 세웠다고 생각했다. 조지 3세에게 충성을 바치는 식민지인 대부분은 이 작위란 것에 껌뻑 죽는 것이다. 기분이 좋아진 앤더슨이 무릎 위에 올려놓은 털이 눈처럼 하얀 말티즈의 머리를 쓰다듬으며 헤벌쭉 웃었다.

"저는 자식이 없습니다. 대신 그 작위를 우리 노블레스가 물려받으면 안 될까요?"

"노블레스라면……?"

"제 유일한 가족인 이 녀석의 이름입니다."

앤더슨이 말티즈를 번쩍 들어 보이며 말했다. 이 작자 머리가 어떻게 된 거 아니야? 이지는 부욱 인상을 긁었지만 마사는 태연히 대답했다.

"되고말고요. 제가 전하께 말씀드려 반드시 그리될 수 있도록 하겠습니다."

앤더슨이 신이 나서 벌떡 일어섰다. 그리고 옆에 서 있는 늙은 집사를 향해 명령했다.

"이봐, 이 분들이 끌고 갈 배를 준비해라! 건방진 대륙군 놈들을 쓸어버리는 데 쓰신다니, 한 척도 남기지 말고 내어 드리도록!"

"아, 알겠습니다!"

황급히 거실을 빠져나가는 집사를 스쳐 우락부락하게 생긴 경비병이 들어왔다.

"밖에 손님이 와 계십니다만."

"국왕 전하의 사자를 만나고 있는 게 안 보이나? 별 볼일 없는 손님 같으면 그냥 가라고 해."

"하우 장군이 보낸 전령이랍니다."

"영국군 총사령관 하우 장군이?"

고개를 갸웃하던 앤더슨이 노블레스를 안은 채 스윽 일어섰다. 그때 이지가 무슨 생각에서인지 그를 향해 양손을 내밀었다.

헌신의 힘

"노블레스는 저희한테 맡기고 다녀오세요. 너무 귀여운 녀석이라 한번 안아 보고 싶네요."

"핫하! 우리 노블레스의 인기는 식을 줄을 모르는군."

앤더슨이 기분 좋게 웃으며 말티즈를 이지에게 건넸다. 앤더슨이 밖으로 나가자마자 마사가 이지를 향해 물었다.

"갑자기 강아지는 왜 달라고 한 거예요?"

"조용히 하고 따라와요."

이지는 살금살금 테라스 쪽으로 걸어갔다. 테라스 밖으로 나란히 얼굴을 내민 이지와 마사는 크게 놀랐다. 저택의 현관 앞에서 앤더슨과 대화를 나누고 있는 페어팩스 대령과 셀리의 모습을 발견했기 때문이다. 이지는 마사와 함께 천천히 뒷걸음질을 하며 속삭였다.

"뒷문으로 빠져 나가요. 이 말티즈를 데리고 배를 탈 수 있다면 앤더슨의 나머지 배들도 공짜로 얻게 될지 몰라요."

"그, 그게 무슨 소리예요?"

이지는 대답하지 않고 계단을 통해 저택 뒤편으로 내려갔다. 그리고 항구를 향해 전속력으로 달려갔다.

"이 가짜들아! 우리 노블레스를 돌려줘!"

이지와 마사가 배를 타고 강으로 나왔을 때 득달같이 쫓아오는 앤더슨의 모습이 보였다. 앤더슨은 혼자가 아니었다. 자식 같은 노블레스가 납치당했다는 생각에 자신이 동원할 수 있는 전 병력을 모든 배에 태워 끌고 오고 있었다. 그제야 무언가 알아차린 마사가 이지를

질린 눈으로 보았다.

"이지, 설마……?"

"헤헷! 우리가 무사히 대륙군 진영으로 돌아갈 수만 있다면 저 배들도 우리들 차지라고요."

결론부터 말하자면 이지의 작전은 멋들어지게 성공했다. 조지의 대륙군은 뜻밖의 방법으로 허드슨 강을 건널 수 있는 수십 척의 선단을 단숨에 확보했다. 배를 모조리 빼앗긴 후에도 앤더슨은 노블레스를 되찾은 것이 기쁜 듯 눈물을 펑펑 쏟았다.

"으흐흑~ 노블레스야, 너를 영영 잃는 줄만 알았다!"

조지에게 부탁해 이지는 앤더슨과 부하들이 무사히 돌아갈 수 있도록 배려했다.

"모두들 배에 올라타라! 허드슨 강을 건너 사라토가에서 전열을 재정비하겠다!"

그날 밤, 하우 장군과 영국군이 단잠에 빠져 있는 시간에 조지는 2만여 명의 대륙군에게 퇴각을 명령했다. 배에 올라탄 대륙군은 눈보라를 헤치고 무사히 강을 건널 수 있었다. 그리고 허드슨 강에서 그리 멀지 않은 세라토가에 새로운 진지를 구축했다.

"뭐라고? 조지 워싱턴이 부하들과 함께 강을 건너 도망쳤다고? 대체 어떻게 이런 일이 가능한 거야?"

조지 워싱턴의 항복만을 기다리고 있던 하우 장군의 분노는 대단했다. 그래서였을 것이다. 평소 신중하기로 유명한 그가 앞뒤 가리지 않고 무작정 세라토가를 공격한 것은. 이 무모한 공격의 대가는 참혹했다. 영국군은 동부 해안에 상륙한 이후, 대륙군에게 첫 참패를 당하고 수만의 사상자를 남겼다.

이 승리를 발판으로 벤저민 프랭클린이 움직였다. 그는 영국의 숙적 프랑스로 건너가 지금이라도 대륙군을 도우면 후일 아메리카에서 크나큰 경제적 이익을 얻을 수 있을 것이라고 설득했다. 그리고 그해 겨울이 가기 전에 마침내 프랑스군이 아메리카의 동부 해안에 상륙하기 시작했다.

그리고 프랑스군의 합류로 한층 강해진 조지 워싱턴의 대륙군은 하우 장군의 영국군과 뉴욕 요크타운에서 마지막 일전을 벌이기 위해 대치하게 되었다. 긴장감이 흐르는 그날 밤, 대륙군 숙소에 한 체로키족 인디언이 찾아왔다. 그는 옛 친구인 피추를 찾았고, 피추는 그를 이지에게 인도했다.

"그러니까 셀리 게리가 내게 이 편지를 전해 달라고 했단 말이죠?"
"그렇다."
"대체 무슨 편지이기에……?"
편지를 펼쳐 읽던 이지의 눈이 점점 커다랗게 변했다. 셀리는 편지를 통해 그 옛날 페어팩스 대령의 집에서 이지가 위기에 처했을 때, 자신의 도움을 받으며 했던 약속을 상기시켰다. 그때 이지는 분명 셀리의 소원 한 가지를 무조건 들어주겠노라 약속했던 것이다. 그 약속의 대가로 셀리는 내일 정오에 요크타운에서 멀지 않은 화이트힐로 조지를 데려와 달라고 부탁하고 있었다.

"알았으니까 그만 나가 봐요."

편지를 구겨 버리며 이지가 나직이 말했다. 피추와 그의 친구가 사라진 후에 이지는 한동안 막사 안을 초조하게 서성댔다. 셀리가 위험한 의도를 가지고 조지를 부르는 건지도 모르니 당연히 그 요구를 무시하는 게 옳다고 이지는 생각했다. 하지만 과거의 약속이 자꾸 걸렸다. 이지는 이런 면에서 결벽증 비슷한 게 있는 것이다. 한동안 고민하다가 이지는 결국 조지의 막사를 향해 걸음을 옮겼다. 모든 판단을 조지에게 맡기기로 한 것이다.

"어, 늦은 시간에 이지가 웬일이야?"

몇몇 참모들과 지도를 펼쳐 놓고 작전을 구상 중이던 조지가 이지를 발견하고 반가운 척을 했다. 그러나 이지의 얼굴이 바위처럼 굳어 있는 것을 보고 그는 참모들을 급히 내보냈다.

"자, 이쪽으로 앉아. 대체 무슨 일인데 얼굴이 그리 창백한 거야?"

"이걸 봐 줄래요?"

이지가 조심스럽게 구겨진 편지를 내밀었다. 이지로부터 편지를 받아 읽던 조지의 얼굴이 딱딱하게 굳어졌다.

"으음······."

조지의 입에서 고통스런 신음이 새어나왔다. 이지가 재빨리 말했다.

"그냥 무시하면 돼요. 나도 그럴 생각이에요."

"꼭 그럴 필요가 있을까?"

"예?"

조지가 낮게 깔리는 목소리로 내뱉자 이지는 눈을 동그랗게 떴다.

"나는 이 편지야말로 우리가 내일의 전투에서 승리할 징조라고 생각해."

"그게 대체 무슨……?"

"이 편지를 셀리 혼자 보냈을까?"

"아……!"

그제야 무언가 깨달은 듯 입을 반쯤 벌리는 이지를 향해 조지는 말했다.

"분명 페어팩스 대령과 하우 장군이 셀리를 움직였을 거야."

"그럴 수도 있겠군요."

"그들이 왜 이런 유치한 짓을 했을까?"

"내일의 전투에서 이길 자신이 없기 때문에?"

"바로 그거야."

이지는 턱을 쓰다듬으며 천천히 고개를 끄덕였다.

"흐음…… 확실히 일리가 있는 말이에요."

"나는 실은 내일 수적으로 열세인 우리 군을 수비적으로 움직이려고 했어. 그런데 지금 방금 생각을 바꿨어. 적을 향해 똑바로 돌격하기로 말이야. 그래서 이지에게 한 가지 부탁이 있어."

"어떤 부탁이오?"

"근처에 대나무숲이 있는 걸 알고 있지? 지금 당장 내일 전투에 참여하지 않는 부상병을 데리고 가서 대나무 창 수백 개를 만들어 줘."

"대나무 창으로 대체 뭘 하게요?"

"하우 장군이 믿고 있는 것은 얼마 전 영국 본토에서 달려온 2천 명 정도의 기병부대야. 그런데 이 용맹한 부대원들 대부분은 경력을 쌓고 싶어 전쟁에 참가한 귀족가의 자제들이지. 이 젊고 잘생긴 청년들이 가장 무서워하는 게 뭘까?"

"……?"

골똘히 생각하던 이지가 손뼉을 마주쳤다.

"대나무로 얼굴에 상처를 내려는 거군요."

"그래, 얼굴에 흉터가 남을 것 같으면 청년들은 뒤도 돌아보지 않고 도망칠 테니까."

"정말 멋진 작전이에요, 조지!"

셀리의 편지에도 조지는 전혀 동요하지 않고 오히려 이것을 승리의 기회로 삼으려 하고 있었다. 역시 영웅은 뭔가 달라도 다르다고 생각하며 이지는 연신 고개를 주억였다.

다음 날 날이 밝자마자 요크타운 벌판에는 포성과 총성이 진동했다. 영국군과 대륙군이 전 병력을 동원해 마침내 최후의 일전을 벌이기 시작한 것이다. 오전 내내 양측은 일진일퇴를 거듭했다.

"기병부대를 내보내라!"

초조해진 하우 장군은 마침내 대륙군의 보병부대를 격파하기 위해 기병부대의 출동을 명령했다. 대지를 울리는 진동음과 함께 영국 기병부대가 바람처럼 달려와 대륙군 보병부대의 측면을 공격하기 시작했다. 사나운 말들의 앞발과 기병들이 휘두르는 기다란 스코틀랜드 검에 맞은 대륙군들이 힘없이 쓰러졌다.

대륙군 보병들은 소총으로 무장하고 있었지만 한 발을 쏜 후에 한 발을 장정해야 하는 총으론 번개처럼 빠른 기병들을 당할 수가 없었다.

"대영제국과 조지 3세 폐하를 위해 돌격!"

파도처럼 밀려드는 영국군의 기병대로 인해 대륙군은 당장이라도 전멸할 것처럼 보였다. 바로 그때 속절없이 밀리던 보병들이 갑자기 소총을 버리고 기다란 대나무 창을 하나씩 들어올렸다. 그리고 잘생긴 기병대 청년들의 얼굴을 향해 찌르기 시작했다.

"으악!"

"크악!"

"어, 얼굴만은 안 돼!"

기세 좋게 달려들던 기병들이 거짓말처럼 흩어져 도망치기 시작했다. 조지의 예상대로 그들에겐 조국의 영광보다 자신들의 얼굴이 몇 배 더 소중했던 것이다.

"공격! 이 기회를 놓치지 말고 계속 공격해요!"

"조금만 더 힘을 내면 영국군을 완전히 굴복시킬 수 있어요!"

헌신의 힘

이지와 마사도 부상병들과 함께 대나무 창을 들고 기병들을 뒤쫓았다. 믿었던 기병대가 패퇴하자 영국군 진영은 일시에 무너졌다.

"위대한 아메리카의 병사들이여, 나를 따르라!"

마침내 조지가 검을 휘두르며 직접 적진을 향해 돌격했다. 정오 무렵 영국군 본진을 완전히 격파한 조지는 패잔병들을 소탕했고, 바야흐로 지루한 전쟁이 끝나려 하고 있었다.

"이지, 셀리가 기다리고 있는 곳이 화이트힐이라고 했지?"

"서, 설마 지금 셀리를 만나러 가겠다는 거예요?"

"전투의 뒷정리는 게이츠 부사령관에게 맡겨 두었으니 괜찮을 거야."

"조지, 기다려요!"

이지가 말리려고 했지만 조지는 이미 말을 달려 전쟁터를 벗어나고 있었다. 이지도 황급히 말을 타고 조지를 쫓기 시작했다.

"조지, 역시 나를 만나러 와 주었군요?"

갈대가 무성하게 자란 언덕 위에서 조지와 마주선 셀리는 반가운 기색을 감추지 못했다. 그녀와는 달리 조지는 무덤덤했다.

"작별 인사를 하기 위해 왔을 뿐이오. 아마도 이것이 우리의 마지막 만남이 될 테니까."

"마지막이라니, 그게 무슨 말이에요?"

"우리는 처음부터 어울리지 않는 사이였소. 나는 그것을 이제야 깨달았지."

"당신, 어떻게 그런 심한 말을……?"

입술을 깨무는 셀리를 향해 조지가 더욱 차갑게 말했다.

"하고 싶은 말이 있으면 빨리 하시오. 곧 전쟁터로 돌아가 봐야 하오."

조지를 쏘아보던 셀리의 눈빛이 사납게 변했다.

"지금 당장 대륙군을 이끌고 하우 장군에게 항복하세요."

"무슨 잠꼬대를 하는 거요? 이 전쟁은 이미 우리 아메리카의 승리로 끝이 났소."

"아직은 아니죠. 방금 내가 대륙군 총사령관을 생포했으니까요."

비웃음을 흘리며 셀리가 총을 꺼내 조지를 겨누었다. 그는 별로 놀라지도 않고 오히려 씁쓸한 표정을 지었다.

"결국 이렇게 나오는군. 그래도 당신이란 여자에게 한 가닥 기대를 품었던 내가 어리석은 남자요."

"어서 항복하겠다고 말해요! 그러지 않으면 나도 당신을 쏠 수밖에 없어요!"

"쏘고 싶으면 쏘시오. 하지만 항복이란 없소."

"서! 서지 않으면 진짜 쏠 거야!"

돌아서는 조지의 뒷등을 겨눈 채 셀리가 악을 썼다. 그녀의 눈빛은 이미 정상이 아니었다. 말을 타고 바람처럼 달려오며 이지도 셀리의 눈을 보고 있었다. 이지는 그녀가 정말 쏘리란 걸 알았다. 자기 때문에 조지가 죽는다고 생각하니 이지는 견딜 수가 없었다. 당장 몸이라도 던져 막아 주고 싶었지만 아직은 거리가 멀었다.

헌신의 힘

타앙!

"안 돼!"

셀리의 총구가 불을 뿜는 순간, 이지는 팔을 뻗으며 외쳤다. 그런데 누군가 바람처럼 조지를 가로막은 것이 아닌가. 바로 마사였다. 총알은 그녀의 어깻죽지에 박혔다.

"꺄아악!"

"마사, 안 돼!"

꽃잎처럼 쓰러지는 마사를 와락 안으며 조지는 무릎을 꿇었다. 조지가 마사의 몸을 마구 흔들며 소리쳤다.

"마사! 마사! 정신 차려!"

마사가 가까스로 눈을 뜨며 말했다.

"당신을 위해 늘 무언가 해 주고 싶었어요. 그런데 돌이켜 보니 아무것도 해 준 것이 없군요. 내가 이대로 떠나더라도 부디 나를 기억해 줘요."

"안 돼! 죽으면 안 돼! 마사 당신만을 사랑해! 나는 이제 당신 없이는 아무것도 할 수가 없단 말이야!"

마사를 으스러져라 끌어안고 울부짖는 조지를 셀리가 충격 어린 표정으로 바라보았다.

"마사만을 사랑한다고……? 얼마 전까지만 해도 나를 사랑한다고 했잖아……?"

"헌신의 힘 때문이에요."

싸늘한 목소리에 흠칫 고개를 돌린 셀리의 눈에 이지의 모습이 들어왔다. 셀리의 얼굴을 똑바로 응시하며 이지는 말했다.

"처음에는 조지가 당신을 더 사랑했을지 몰라요. 하지만 계속 자신을 배반하는 여자와 자신을 위해 모든 것을 던져 헌신하는 여자. 당신이라면 최후의 순간 누구를 더 사랑하게 될까요?"

"하… 하하……."

셀리는 대답 대신 허탈하게 웃었다. 그녀의 웃음이 꼭 마른 먼지 같다고 이지는 생각했다. 셀리가 피스톨을 던져 버리고 천천히 돌아섰다. 그리고 어디선가 불어온 바람에 갈대들이 춤을 추는 언덕을 내려가 사라졌다.

"흐흐흑."

이지는 마사를 안은 채 흐느끼는 조지를 돌아보았다. 그녀는 마사가 무사할 것임을 알았다. 왜냐하면 앞으로도 그녀의 헌신과 도움이 있어야 조지 워싱턴이 모든 미국인들에게 가장 존경받는 최초의 대통령이 될 수 있을 테니까.

후우웅-

이지의 몸이 다시 눈부신 빛에 휩싸였다. 이지로부터 빛 선이 가닥가닥 뿜어져 갈대밭을 하얗게 물들였다. 이지는 떠나야 할 시간이 다가왔음을 예감했지만 조지에게 작별 인사를 건네지는 않았다. 그에게는 이미 너무 소중한 마사가 있으므로 자신이 없어져도 잘 해 나가리라 믿었기 때문이다.

강렬한 빛이 번쩍하는가 싶더니, 이지의 몸이 아메리카 대륙 한복판에서 홀연히 사라졌다.

"이지야! 이지야! 제발 눈을 떠 봐!"
"정신 좀 차려 봐, 윤이지!"
찰싹찰싹!
이지가 눈을 뜬 것은 주노의 절박한 외침 때문이 아니었다. 자신의 뺨을 사정없이 때리는 그의 손이 너무 매웠기 때문이다.
"아파요! 그만 좀 때려요!"
이지는 벌떡 상체를 일으키며 소리쳤다. 그제야 그녀는 자신이 유람선의 갑판 위에 주저앉아 있고, 주노와 필립, 청장님과 제니, 애니를 비롯한 많은 사람들이 걱정스럽게 자신을 내려다보고 있음을 알았다.
아, 그새 내가 현실로 돌아왔구나. 이번 여행도 역시 꿈이었나? 고개를 갸웃하며 이지는 물에 흠씬 젖은 채 눈앞에 무릎을 꿇고 앉아 있는 주노를 보았다. 물속에서 자신에게 입을 맞추며 공기를 불어 넣어 주던 그의 모습이 떠오르자 얼굴이 화끈 달아올랐다. 붉어진 얼굴을 들키지 않기 위해 그녀는 서둘러 일어섰다.
"아……!"
동시에 아찔한 현기증을 느끼며 이지가 휘청했다.
"조심해!"

헌신의 힘 185

주노와 필립의 거의 동시에 이지의 팔을 한쪽씩 붙잡았다. 두 남자에게 팔을 잡힌 채 이지는 당황스런 표정으로 서 있었다. 주노와 필립이 서로를 째려보며 으르렁거렸다.

"이지 팔 아프겠다. 빨리 놔 줘."

"그러는 너야말로 빨리 놓으시지."

"너, 진짜 말 안 듣는구나."

"고집을 부리고 있는 사람이 누군데?"

두 사람의 잡아당기는 힘이 점점 강해지는 것을 느끼며 이지가 버럭 소리를 질렀다.

"둘 다 놔 줘요!"

이지의 외침에 주노와 필립이 놀라 손을 놓았다. 주노가 이지를 향해 진지하게 말했다.

"너한테 못되게 굴었던 거 진심으로 사과할게. 그만 화 풀고 나와 함께 돌아가자, 이지야."

주노의 눈에서 진심을 읽은 이지는 순간적으로 망설였다. 하지만 그녀는 이내 고개를 가로저었다. 안 돼! 또 다시 속으면 절대로 안 돼! 이때 필립의 이지의 손을 부드럽게 잡았다.

"하주노가 널 구해 준 건 사실이지만 그것과 화해는 별개의 문제야. 저 이기적인 남자는 반드시 널 다시 실망시킬 거야."

이지도 필립의 말에 동의했다. 그래서 필립의 부축을 받으며 천천히 돌아섰다.

헌신의 힘

"한 번만 더 기회를 주면 안 되겠니?"

주노가 고함을 지른 것은 그때였다. 주노를 돌아보다가 이지는 흠칫 놀라고 말았다. 주노의 눈에서 눈물이 주르륵 흐르는 것을 발견했기 때문이다. 맙소사……, 천하의 하주노가 나처럼 평범한 아이 때문에 눈물을 보이다니.

"이지 너는 나를 위해 최선을 다했어. 그런데 나는 어리석게도 그걸 몰랐지. 이제는 나도 너에게 최선을 다할 수 있도록 기회를 주었으면 해."

"아아……!"

이지는 마사를 끌어안은 채 울부짖던 조지의 모습을 떠올렸다. 계속되는 실망에도 좌절하지 않는 마사의 헌신이 조지를 올바른 길로 인도했다. 그리고 그로 하여금 진정한 사랑의 가치를 깨닫게 해 주었다. 나는 과연 최선을 다했을까? 나는 마사만큼 실망을 이겨내고 헌신했을까? 이지는 천천히 고개를 가로저었다. 마사만큼 하려면 아직 멀었다는 생각이 들었다.

이지는 필립을 돌아보며 미안한 듯 미소를 지었다. 필립이 빠져 나가려는 이지의 손을 더욱 단단히 잡았다.

"가지 마. 분명 후회하게 될 거야."

이지가 눈물을 글썽이며 대답했다.

"물론 후회할지도 몰라. 하지만 가지 않으면 나중에 더 큰 후회를 남기게 될까 봐 가려는 거야."

"이지야……."

마침내 이지의 손이 필립의 손에서 해변의 모래알처럼 스르륵 빠져나갔다. 필립은 가슴 한복판에 구멍이 뻥 뚫려 버린 듯한 상실감을 느꼈다.

주노는 이지의 손을 잡고 때맞춰 선착장에 도착한 유람선에서 내렸다. 어둠에 잠긴 둔치 쪽으로 멀어지는 두 사람의 뒷모습을 필립은 언제까지나 바라보며 서 있었다.

철썩!

"우리 울보가 이런 상황에서도 눈물을 보이지 않다니, 대견한걸!"

제니가 필립의 엉덩이를 소리 나게 때렸다. 애니도 필립의 목에 팔을 두르며 거들었다.

"좋아. 오늘은 밤새도록 맥주 파티다!"

"고딩 주제에 무슨 맥주 타령이야? 정신 차려, 대책 없는 누나들아!"

찔끔하는 누나들을 잡아먹을 듯이 째려보다가 필립은 이지와 주노가 사라진 방향을 응시하며 중얼거렸다.

"하주노는 윤이지를 행복하게 해 줄 수 없어. 그렇기 때문에 나는 절대로 포기하지 않을 거야."

미국의 초석을 다진 조지 워싱턴

　조지 워싱턴은 비교적 부유한 집안에서 태어났지만 어린 시절은 생각보다 유복하지 못했다. 그가 11세 때 아버지가 세상을 떠났고, 그의 어머니는 이기적인 사람이었다. 아버지 어거스틴 워싱턴은 두 아들을 남기고 떠난 첫째 부인과 사별한 후에 두 번째 부인 메리 볼과 혼인했다. 어거스틴과 메리 볼은 아들 넷과 딸 하나를 낳았는데, 조지는 그중 장남이었다. 조지의 학교 교육은 초등학교 정도에서 그쳤다. 아버지가 살아 있었으면 영국으로 유학 갈 수 있었겠지만 어머니는 끝내 허락하지 않았다. 조지는 어린 시절에 병정놀이를 즐겼는데, 항상 지휘관을 맡았다고 한다. 그는 모든 운동을 좋아했고, 친구들 사이에 다툼이 생기면 중재자 역할을 맡았다.

　당시 가부장제는 장자 상속을 원칙으로 하고 있었다. 따라서 아버지의 전 재산은 이복형인 로렌스의 것이었다. 조지가 성공하기 위해서는 부지런히 노력하는 길밖에 없었다. 좋지 않은 조건이 그에게 오히려 더욱 노력해야 한다는 동기를 부여했다. 다행히 좋은 멘토도 있었다. 첫 번째 멘토는 이복형 로렌스였다. 로렌스와는 14살이나 차이가 나지만 조지는 형을 무척 따랐고, 형도 동생을 잘 이끌어주었다. 형이 버지니아 주의 명문가 페어팩스 집안에 장가를 가자 조지도 자주 그 집안에 드나들게 되었다. 사돈이 되는 윌리엄 페어팩스 대령은 조지의 새로운 멘토가 되어주었다. 형과 페어팩스 대령의 조언에 따라 조지는 독학으로 측량사가 되었고 일자리도 얻을 수 있었다.

1748년 페어팩스 대령의 아들 조지 윌리엄은 셀리 게리와 혼인했는데, 당시 16세의 조지 워싱턴은 그만 셀리에게 푹 빠지고 말았다. 워싱턴은 셀리에게 사랑을 고백했고, 서로 편지도 교환했다. 하지만 애초에 이루어질 수 없는 사랑이었다. 결국 조지는 1759년 부유한 과부 마사 커티스와 혼인하는 현실적인 선택을 했다.

조지는 20세가 되는 1752년에 형의 주선으로 영국군에 입대하여 군인이 되었다. 이때부터 조지는 세상에 자신의 이름을 알리기 시작했다. 그 해 7월 형 로렌스가 죽자 조지는 깊은 슬픔에 빠졌지만 아픔을 이겨내고 프랑스와의 전쟁에서 혁혁한 공을 세웠다. 하지만 식민지 출신인 조지는 영국 정규군이 될 수 없었다. 좌절한 조지는 제대하고 고향으로 돌아왔지만 이 전쟁 경험은 훗날 독립군 총사령관으로서의 자질을 닦는 좋은 훈련이 되었다.

젊은 시절 조지 워싱턴의 인생 목표는 간단명료했다. 바로 사회적으로 큰 성공을 거두는 것이었다. 그러기 위해서 그는 늘 노력하고 새로운 일에 도전했다. 이즈음 군인의 길을 포기한 대신 워싱턴은 정치에 도전하기로 결심한다. 그는 1759년 버지니아 주의 하원의원이 되어 정치계에 입문했다. 하원의원으로 활동하면서 워싱턴은 영국 정부의 부당한 식민통치에 반기를 들게 되었다. 1774년 제2차 대륙회의에서 워싱턴은 새로 창설하기로 한 대륙군의 총사령관에 선출되었다. 사령관에 임명은 되었지만 군대의 실체는 없었다. 각 주마다 병사들을 모집하고 무장시켜야 했다. 버지니아에서는 패트릭 헨리의 "자유가 아니면 죽음을 달라"는 유명한 연설이 민병대를 조직하고 무장하는 데 크게 기여했다. 워싱턴은 훈련 받지 못한 군인들과 무기와 군수품의 부족을 지혜롭게 극복하면서 세계 최강의 영국군에 맞서기 시작했다.

아메리카의 독립 세력이 처음부터 완전한 독립을 주장했던 것은 아니었다. 조지 워싱턴을 비롯한 그들의 상당수는 식민지의 자치를 원했다. 그러나 영국 왕 조지 3세가 대륙회의의 요구를 철저히 무시함에 따라 독립에 대한 열망이 불꽃처럼 타오르게 되었다. 1776년 7월 4일 워싱턴은 대륙회의로부터 독립선언서를 받았다. 조지 워싱턴은 독립선언서를 병사들에게 큰 소리로 읽어준 후에 이렇게 말했다고 한다.

"여러분, 믿음과 용기와 희망을 가지고 싸우십시오. 이 나라의 평화와 안전은 하느님이 보호하고 계십니다."

1775년 일단의 영국군이 매사추세츠주의 평화로운 마을 렉싱턴을 향해 진군했다. 이들은 독립군이 렉싱턴의 한 창고에 군수품을 은닉해두고 있다는 첩보를 입수하고 이를 몰수하러 가는 길이었다. 그런데 길 양쪽 풀숲에는 이미 독립군이 매복하고 있었다. 드디어 공격 신호가 떨어지자 독립군은 일제 사격을 가하기 시작했다. 미국 독립전쟁 최초의 전투인 렉싱턴전투의 시작을 알리는 총성이었다. 이후 독립군 총사령관 조지 워싱턴은 벙커힐전투, 롱아일랜드전투, 트렌턴전투, 사라토가전투, 몬마우스전투, 캠든전투, 사바나전투, 길포드 코트하우스전투 등을 치루며 모든 면에서 월등한 영국군과 치열하게 싸웠다. 그리고 마침내 1781년 10월 요크타운에서 양측은 운명을 건 최후의 전투를 치르게 되었다.

1781년 9월 14일에 윌리엄즈버그에 도착한 워싱턴이 지휘하게 된 병력은 미국 대륙군 8800명과 프랑스군 7800명을 합쳐 16,600명이었다. 여기에 각지에서 모여든 민병 3000명이 합류했다. 요크타운 내에 포위된 콘윌리스의 병력은 영국군 6000여 명과 독일 용병 1000여 명을 합쳐 약 7000명이었다. 체서피크만 건너 델라웨어주 글로스터에 포진한 타를턴이 1000명을 거느리고 있었지만 체서피크만이 프랑스 해군에게 장악된 상황에서 타를턴의 병력은 콘월리스를 도와줄 수 있는 방법이 없었다. 비록 진지를 단단히 지어 놓았다고 하지만 외부의 지원이 끊겨 고립무원이 된 콘월리스의 군은 사실 어떻게 이길 수 있느냐가 아니라 얼마나 버틸 수 있느냐가 문제였다.

부대편성을 마치고 서로 역할을 정한 미·불 연합군은 9월 26일에 추가로 공성무기와 물자를 전달받고 9월 28일에 윌리엄즈버그에서 출발하여 요크타운을 포위했다. 전투 초반에는 지루한 참호전이 전개되었고, 워싱턴의 병사들은 마침내 10월 6일에 요크타운을 정면에서 바라볼 수 있는 평행참호를 구축했다. 그리고 이곳에 보유 중인 62문의 대포를 모두 배치하여 영국군을 압박하기 시작했다. 콘월리스의 군 역시 62문의 대포를 가지고 있었지만 남부에서의 작전 중 이동이 잦았기 때문에 많은 수송수단이 요구되는 중포는 거의 없었다. 이에 반해 미·불 연합군은 24파운드 중포만도 30문이었고, 추가로 20문의 18파운드 캐논을 가지고 있었다. 아울러 중포 이외에도 54문의 박격포를 가지고 있어 영국군이 구축한 방벽을 넘겨 포탄 세례를 퍼부을 수가 있었다.

드디어 10월 9일에 영국군 진지에 대한 연합군의 포격이 시작되었다. 포탄은 영국군이 구축한 각 진지는 물론 요크타운 시내 콘월리스의 사령부 근처에도 떨어지며 영국군의 혼을 빼놓았다. 영국군 포병은 반격하려고 했지만 연합군의 포격은 쉬지 않고 계속되었고, 그렇지 않아도 부족한 영국군 포들이 파괴되어 더욱 열세에 처하게 되었다. 10월 11일에 워싱턴은 제1 평행참호에서 약 400미터 나간 지점에 다시 평행참호를 구축했는데, 이 옆쪽에 영국군이 지키고 있는 고지 2개가 있었기에 이를 차지해야 요크타운에 대한 본격적인 공격을 할 수 있었다. 10월 14일에 워싱턴은 이들 진지에 대한 야습을 감행했다. 한 곳은 400명의 미군이, 다른 고지는 400명의 프랑스 병사들이 공격을 맡았다. 야습은 완전히 성공을 거두어 진지를 점령할 수 있었다. 콘월리스는 위기를 타개하고자 다음 날 미군이 지키는 고지에 대한 공격을 감행했으나, 프랑스군이 신속하게 구원병을 보내면서 실패로 돌아갔다. 미군의 포격은 더욱 심해졌고, 프랑스 해군이 지키고 있는 바다로 탈출할 방법도 없었다. 영국군은 식량도 바닥을 드러내고 있었고, 가을로 접어들면서 날씨는 점점 추워지고 있었다. 콘월리스의 영국군에게 구원의 손길은 없었다. 클린턴이 약속한 5천의 지원병은 끝내 나타나지 않았다. 결국 콘월리스는 패배를 시인하고, 10월 17일에 연합군에 항복의사를 전했다.

요크타운 전투의 승리로 아메리카 독립전쟁은 사실상 끝이 났고, 1783년에 파리 협상에서 영국이 미국을 국가로 인정하면서 '미합중국'이란 나라가 탄생하게 되었다. 파리조약이 체결된 후 워싱턴은 군의 통수권을 연합회의에 반환하고 고향으로 돌아갔다. 그러나 연합회의는 각 주의 이해관계 때문에 중앙정부의 역할을 제대로 수행할 수 없었다. 연합회의는 국가의 운영원칙을 세우기 위해 제헌의회를 구성했다. 각 주의 대표들은 워싱턴을 의장으로 뽑았고, 워싱턴을 의장으로 한 제헌의회는 미합중국의 헌법을 만들었다. 그 헌법에 따라 실시된 선거 결과 1789년 2월 4일 워싱턴은 미합중국의 첫 번째 대통령으로 선출되었다.

조지 워싱턴은 혈연에 의해 추대된 군주가 아니라 세계 최초로 국민에 의해 선출된 국가수반이다. 새로운 민주정부 체제 아래서 전례 없는 역사를 창조하는 막중한 임무를 짊어지고 대통령에 취임한 것이다. 그는 자신에게 부여된 임무를 성실하게 수행해 나갔다. 먼저 합리적인 행정부를 구성해서 공평한 인사권을 행사했다. 그에게 혈연, 지연, 학연, 종교, 친구관계 등은 일절 고려의 대상이 되지 못했다. 그는 오직 능력에 따라 재무장관에는 알렉산더 해밀턴, 국무장관에는 토마스 제퍼슨, 전쟁장관에는 헨리 녹스, 법무장관에는 에드문트 랜돌프를 임명했다. 외교적으로는 중립노선을 선택함으로써 적을 만들지 않았고, 국립은행을 창설하고 위스키 제조업자들에게 세금을 징수하는 등 단호한 재정정책으로 국고를 튼튼히 했다.

대통령으로서 그의 수많은 업적보다 더욱 아름다운 것은 퇴임의 순간이었다. 조지 워싱턴은 재선은 수락했으나, 3선은 독재로 이어지는 지름길이 될 수 있음을 직감으로 알고 있었다. 그는 욕심 없는 사람은 아니었지만 어느 선에서 욕망을 자제해야 한다는 사실도 알고 있었다. 전쟁에서 승리한 후에 왕이 되어 달라는 국민의 성원이 있었을 때에도 그는 과감하게 뿌리쳤었다. 임기가 6개월 남은 1796년 9월 17일, 워싱턴은 더 이상 대통령 선거에 출마하지 않겠다는 '고별연설'을 발표했다. 제목은 '고별연설'이었지만, 연설로 행해진 것은 아니고 일간신문에 발표되었을 뿐이다.

"조국에 대한 고마움과 수 세대에 걸친 선조들과 이 땅에 뜨거운 애정을 느끼면서 나는 은퇴 후에 누리고자 스스로 다짐했던 생활을 즐거운 마음으로 기대해 봅니다."

1797년 3월 4일 워싱턴은 제2대 대통령 존 애덤스에게 자리를 물려주고 대통령직에서 내려왔다. 초대 대통령의 자발적인 선택에 따른 평화적인 정권교체였다. 그것은 후대의 모범이 되었을 뿐만 아니라 다른 나라에도 좋은 본보기가 되었다. 퇴임 후에 고향에 돌아갔지만 1798년 프랑스와 전쟁 위험이 높아지자 워싱턴은 다시 총사령관에 임명되었다. 다행히 전쟁은 일어나지 않았다. 이제 자신의 수명이 얼마 남지 않았음을 느낀 조지 워싱턴은 1799년 2월 자필로 긴 유언장을 작성했다. 그리고 같은 해 12월 14일 "죽은 후 사흘이 되기 전에 묻어 주오"라고 부탁한 후 조용히 세상을 떠났다. 그의 유언장에는 "개인 시중을 든 윌리엄을 노예 신분에서 즉각 해방하고 그에게 연금 30달러를 줄 것이며, 아내가 죽으면 나머지 노예들도 해방시켜 달라"는 항목이 포함되어 있었다.

조지 워싱턴은 미국 독립을 일구어낸 독립 운동가이자 미국식 민주주의의 초석을 다진 진정한 지도자였다. 그래서 미국 사람들은 지금도 그를 미국 역사상 가장 위대한 대통령으로 꼽는 데 주저하지 않는다.